TRANSFERENCIA DE CONOCIMIENTO MULTIDISCIPLINARIO CON ENFOQUE SUSTENTABLE

TRANSFERENCIA DE CONOCIMIENTO MULTIDISCIPLINARIO CON ENFOQUE SUSTENTABLE

Trabajo colaborativo de Cuerpos Académicos e Investigadores de Puebla, Tlaxcala, Oaxaca y Veracruz, México y Carabobo, Venezuela de la Red de Investigación Multidisciplinaria para el Desarrollo Regional

LORENA SANTOS ESPINOSA
JOSÉ VÍCTOR GALAVIZ RODRÍGUEZ
MIRIAM SILVIA LÓPEZ VIGIL
MIGUEL FUENTES CORTÉS

Para realizar pedidos de este libro, contacte con:
Palibrio
1663 Liberty Drive, Suite 200
Bloomington, IN 47403
Gratis desde EE. UU. al 877.407.5847
Gratis desde México al 01.800.288.2243
Gratis desde España al 900.866.949
Desde otro país al +1.812.671.9757
Fax: 01.812.355.1576
ventas@palibrio.com
833817

ÍNDICE

DIRECTORIO DE AUTORIDADES

Tecnológico Nacional de México / Instituto Tecnológico Superior de la Sierra Negra de Ajalpan.
M.V.Z. Augusto Marcos Hernández Merino
Director General.

Universidad Tecnológica de Tlaxcala.
Dr. Marco Antonio Castillo Hernández
Rector.

Tecnológico Nacional de México / Instituto Tecnológico de Tehuacán
M. E. Yeyetzin Sandoval González
Directora.

Instituto Tecnológico Superior de Acatlán de Osorio
Dr. César Santiago Tepantlán
Director General.

Tecnológico Nacional de México / Instituto Tecnológico de Oaxaca
M. E Fernando Toledo Toledo
Director.

Benemérita Universidad Autónoma de Puebla
Dr. José Alfonso Esparza Ortiz
Rector.

Tecnológico Nacional de México/Instituto Tecnológico Superior de Ciudad Serdán
Mtra. Dámaris Arcelia Sosa Escobar
Directora.

Universidad Tecnológica del Centro de Veracruz
Mtro. Juan Manuel Arzola Castro
Rector.

Universidad Pedagógica Experimental Libertador Venezuela
Dr. Raúl López Sayago
Rector.

CUERPOS ACADÉMICOS PARTICIPANTES RECONOCIDOS POR PRODEP

Tecnológico Nacional de México / Instituto Tecnológico
Superior de la Sierra Negra de Ajalpan.
ITSSNA-CA-1 - TECNOLOGÍA Y
AUTOMATIZACIÓN DE PROCESOS.

Universidad Tecnológica de Tlaxcala
UTTLAX-CA-2 - INGENIERIA EN PROCESOS.
UTTLAX-CA-8 - DESARROLLO TECNOLÓGICO
PARA LA AUTOMATIZACIÓN EN PROCESOS

Tecnológico Nacional de México/Instituto Tecnológico de Tehuacán
ITTEH-CA-2-GESTIÓN Y COMPETITIVIDAD EMPRESARIAL
ITTEH-CA-4-SISTEMAS DE MANUFACTURA

Tecnológico Nacional de México / Instituto
Tecnológico Superior de Acatlán de Osorio
ITSAO-CA-1-TRANSFERENCIA DE TECNOLOGÍA
APLICADA A LA RESOLUCIÓN DE PROBLEMAS.

Tecnológico Nacional de México / Instituto Tecnológico de Oaxaca
ITOAX CA-8-APROVECHAMIENTO DE LOS RECURSOS
AGROALIMENTARIOS Y DE INTERÉS INDUSTRIAL.

Universidad Tecnológica del Centro de Veracruz
UTCV-CA-11-INNOVACIÓN EN SISTEMAS
LOGÍSTICOS Y ECONÓMICOS SUSTENTABLES

AUTORES COORDINADORES

LORENA SANTOS ESPINOSA
JOSÉ VÍCTOR GALAVIZ RODRÍGUEZ
MIRIAM SILVIA LÓPEZ VIGIL
MIGUEL FUENTES CORTÉS

AUTORES POR CAPÍTULO

CAPÍTULO 1
Claudia López Sánchez
Emilene Reyes Rodríguez
Marcos Pedro Ramírez López
Felipe de Jesús Palma Cruz

CAPÍTULO 2
Miriam Silvia López Vigil
Héctor Santos Alvarado
Héctor Islas Torres
Abigail Araceli Castro Luna

CAPÍTULO 3
Lorena Santos Espinosa
Filemón Carreño Reyna
Sonia Marilis Mora de Parada
Ma. De Lourdes Huerta Becerra

CAPÍTULO 4
Ana Laura Nieto Rosales
Graciela Santos Martínez
Julio Cesar Rojas Nando
Francisco Javier Espinoza Reyes

CAPÍTULO 5
Julio César Cruz Trujillo
Beatriz Araceli Arellano Hernández
Diana Leticia Campos Daniel
Adalit Arias Aragón

CAPÍTULO 6
Juan Carlos Vásquez Jiménez
Asunción Adriana Arango Perdomo
Felipe Ernesto Orozco Contreras
María de Jesús Oregán Silva

CAPÍTULO 7
Miguel Fuentes Cortés
Francisco Ramos Guzmán
Jeremías Bravo Tapia
Jonathan Gutiérrez Atecpanecatl

CAPÍTULO 8
Héctor Islas Torres
William Miguel Castillo López
Héctor Santos Alvarado
Miriam Silvia López Vigil

CAPÍTULO 9
Héctor Santos Alvarado
Miriam Silvia López Vigil
Héctor Islas Torres
Juan Carlos Vásquez Jiménez

CAPÍTULO 10
Ivette Pérez Hernández
Jesabel Gómez Sánchez
Juan Carlos Crudet Balderas
Erika Patricia Quevedo Batista

CAPÍTULO 1

SHIITAKE (LENTINULA EDODES PEGLER) HONGO ANTICANCERÍGENO DEL LABORATORIO A LA COMUNIDAD

López-Sánchez Claudia[1*], Reyes-Rodríguez Emilene[2], Ramírez-López Marcos Pedro[2], Palma-Cruz Felipe de Jesús[2].

[1*] ITOAX CA-8 APROVECHAMIENTO DE LOS RECURSOS AGROALIMENTARIOS Y DE INTERÉS INDUSTRIAL.

Tecnológico Nacional de México/Instituto Tecnológico de Oaxaca. Departamento de Ingeniería Química y Bioquímica.

[2] Tecnológico Nacional de México/Instituto Tecnológico de Oaxaca División de Estudios de Posgrado e Investigación

*claudia.ls@oaxaca.tecnm.mx

Resumen

Las propiedades terapéuticas de los hongos comestibles, han atraído la atención de los investigadores debido a que los metabolitos que producen funcionan como antioxidantes, anticancerígenos, inmunomoduladores, antiartríticos, hipoglucemiantes, cardioprotectores, antiinflamatorios, carcinostáticos, antiangiogénicos, antiosteoporóticos, antinociceptivos, proapoptóticos, antialérgicos, antivirales, antifúngicos, antibacterianos y antiandrogénicos. En este trabajo se presenta la información referida a la investigación realizada a nivel laboratorio desde la obtención de la cepa por esporada y contexto a partir de carpóforos del hongo comestible con propiedades anticancerígenas conocido comúnmente como Shiitake (*Lentinula edodes* Pegler). A su vez, se muestran las condiciones de cultivo, activación micelial, producción de biocilindros que se llevaron para inoculación en tronco en la comunidad de San Juan Evangelista Analco en Oaxaca.

Palabras clave: Shiitake, aislamiento, cultivo, biotaquetes, comunidad.

Abstract

The therapeutic properties of edible mushrooms have attracted the attention of researchers due to the fact that the metabolites they produce function as antioxidants, anticancer, immunomodulatory, antiarthritic, hypoglycemic, cardioprotective, anti-inflammatory, carcinostatic, antiangiogenic, antiosteoporotic, antialinociceptive, antiapoptotic, antiviral, antifungal, antibacterial and antiandrogenic. This paper presents the information referring to the research carried out at the laboratory level from obtaining the strain by spore and context from carpophores of the edible fungus with anticancer properties commonly known as Shiitake (Lentinula edodes Pegler). In turn, the culture conditions, mycelial activation, production of biocylinders that were taken for inoculation in the trunk in the community of San Juan Evangelista Analco in Oaxaca.

Keywords: Shiitake, isolation, cultivation, biotaket, community.

1. Introducción

En el mundo se cultivan comercialmente más de 15 especies de hongos comestibles a través de diferentes procesos biotecnológicos muy eficientes; en México, sólo se producen de manera consistente tres especies a diferentes escalas: los champiñones (*Agaricus bisporus*), las setas (*Pleurotus ostreatus*), y el shiitake (*Lentinula edodes*); aun cuando nuestro país tiene un enorme potencial para la producción competitiva de otras especies en función de la diversidad de sus ecosistemas y de la gran gama de condiciones edáficas y climáticas resultantes; así como por la abundancia de subproductos agrícolas y forestales que pueden utilizarse como substrato del cultivo de especies de hongos comestibles (Chang y Miles, 2004). La composición química de los hongos comestibles, determina su valor nutricional y sus propiedades, mismas que difieren de acuerdo a las especies, al sustrato empleado para su cultivo, a las condiciones atmosféricas, la edad y la parte de la fructificación que se ingiera (Bernas et al., 2006). La calidad biológica de las proteínas fúngicas, varía de acuerdo a las diferentes especies consumidas, las cepas de las que proceden, el método de cultivo utilizado para su producción, la composición del sustrato empleado, la edad y el grado de desarrollo del cuerpo fructífero (Vetter, 2019). La proteína presente en la pared celular de estos hongos, es uno de los componentes responsables de la calidad nutracéutica de dichos alimentos, por lo cual es importante inducir el enriquecimiento proteico de estos hongos durante su cultivo (Chang y Miles, 2004; Bernas et al., 2006).

Además, la importancia nutracéutica de los hongos comestibles, está definida por la presencia de metabolitos primarios como el ácido oxálico, péptidos y proteínas, y metabolitos secundarios como terpenos, esteroides, antraquinonas, derivados del ácido benzoico y quinolonas (Gupta et al., 2018).Sin embargo, cabe destacar que además de las moléculas antes referidas, los polisacáridos son conocidos como los compuestos más potentes producidos por los hongos y exhiben numerosas actividades benéficas para la salud humana; entre los más conocidos se encuentran el lentinan de *Lentinula edodes*, el pleuran de *Pleurotus* spp., y ganoderan de *Ganoderma lucidum*. Estos y otros polisacáridos, participan en la regulación de la microbiota estomacal y mejoran la función gastrointestinal. Así mismo es importante decir que la bioactividad de este tipo de moléculas se debe a su naturaleza estrictamente polisacárida o a que junto con otras biomoléculas forman conjugados como las glicoproteínas, que, de manera sinérgica, producen grandes beneficios que mejoran o mantienen el estatus de salud de quienes los consumen. La producción de setas presenta un potencial biotecnológico prometedor que abarca multitud de campos de aplicación. Durante años el cultivo de setas se ha considerado importante para la economía familiar; además, existe el interés para mejorar la tecnología del cultivo, que ha ganado una atención considerable en los últimos años (Romero-Arenas et al., 2018).

1.1.1 Shiitake

El Shiitake es descrito como un macro hongo basidiomiceto clasificado taxonómicamente de la siguiente forma: reino *Fungi*, Phyllum *Basidiomicota*, clase *Basidiomycete*, orden *Agaricales*, familia *Thricholomataceae*, género *Lentinula* y especie *edodes* (Rivera et al., 2017). Es el segundo más producido en el mundo, y existe un gran número de investigaciones donde destacan los efectos inmonomodulares producto de un polisacárido denominado Lentinano que permite propagar la expectativa de vida de pacientes con cáncer y mejorar su calidad de vida, así como el reporte de contenido de β-glucanos y su valor nutricional y antioxidante (Zhuang et al., 2017). Es bajo en calorías, alto en proteínas, hierro, fibra, minerales y vitaminas. Contiene vitaminas B1, B2, B6, B12 y D2, con altas cantidades de riboflavina y niacina. Definitivamente un alimento excelente con propiedades medicinales. El consumo de este hongo es una buena forma de prevenir las enfermedades y de tener buena salud, se cree que puede aumentar la longevidad y que posee propiedades afrodisiacas (Silva *et al.*, 2010).

La pared celular de los hongos como el shiitake está compuesta principalmente por glucanos, quitina y proteínas. Estos hongos tienen importantes propiedades medicinales, nutricionales y funcionales debido a sus especiales polisacáridos; β – glucanos como el Lentinano. La parte comestible del hongo (*Lentinula edodes*) consiste en píleo y de estípite, en una proporción aproximada de 75% y 25% del hongo en base seca respectivamente. Los análisis de composición proximal muestran que los dos componentes del hongo son muy diferentes en su composición química. En contraste del píleo, el estípite tiene una mayor fracción de fibra cruda insoluble (Rivera et al., 2017). El contenido de humedad es de 88.81-91.65%. La composición proximal de la biomasa de Shiitake en medio de cultivo líquido es de 4% de Cenizas, 7-8 % de grasa cruda, 22-23% de proteína y 64% de carbohidratos totales (López-Peña et al.,2013).

2. Desarrollo

1.2 Aislamiento y selección

Para el aislamiento de las cepas de *Lentinula edodes* puede realizarse en dos procedimientos diferentes:

Aislamiento vegetativo: Los carpóforos del hongo son cortados en una campana de flujo laminar; el corte se realiza con un bisturí estéril y se colocan en cajas Petri de vidrio esterilizadas con calor seco (T=200°C por 1 h). Las cajas Petri son preparadas previamente con Agar Extracto de Malta, Agar Papa y Dextrosa o Agar Sabouraud, esterilizado a 15 lb por 15 min en autoclave, adicionando ampicilina en concentración de 300mg/L (para evitar crecimiento bacteriano). Se realizan cortes al carpóforo de aproximadamente 1 cm^2 la mitad se lleva a lavado en agua destilada con 1% de hipoclorito de sodio por 5 minutos. Se incuban a 26°C por 7 días en oscuridad, observando su crecimiento. Una vez logrado el crecimiento en todo el agar se almacenan en refrigeración. Para mantener por mayor tiempo las cepas en refrigeración se recomienda resiembra en tubo de ensaye inclinado con agar seleccionado en refrigeración.

1.2.1 Aislamiento espórico: Para este tipo de aislamiento es necesario verificar previamente el color de las esporas que produce cada tipo de hongo, dependiendo de la coloración se usara un papel que permita visualizar la presencia de dichas esporas, en el caso del Shiitake las esporas son color negras por lo que se corta un círculo de papel filtro blanco, previamente esterilizado y se colocó en el interior de una caja Petri de vidrio estéril; en el área estéril, se corta el carpóforo del hongo con bisturí y se coloca sobre el papel filtro con las láminas hacia abajo, se cubre con un vaso de precipitados y se sella para evitar contaminación. La incubación se realiza a 26°C por 5 días La presencia de esporas se observa como un cambio de color del papel filtro; en seguida se cortan trozos del papel filtro colocándolos en el interior de un tubo de ensayo con 5 mL de agua destilada estéril; la siembra en cajas Petri con agar extracto de malta se realiza por diluciones seriadas hasta 10^{-6}, inoculando 1 mL de cada dilución con un asa de Drigalski por extensión en placa y por duplicado. Se incuban a 26°C por 48 h. Se tomó la caja de la dilución con 3 a 5 esporas en crecimiento, seleccionando una para resiembra en una nueva caja con el medio seleccionado, incubando bajo las mismas condiciones hasta lograra el crecimiento en todo el medio. Para mantener por mayor tiempo las cepas en refrigeración se recomienda resiembra en tubo de ensaye inclinado con agar seleccionado en refrigeración (Reyes et al., 2019; López-Sánchez et al., 2019; López-Sánchez et al., 2020).

1.3 Siembra de hongos comestibles

Una vez aislada la cepa, es necesario adaptarla para que el hongo base su alimentación en sustratos lignocelulósicos, por lo tanto, se realizan siembras del hongo en medio de agar con enriquecimiento (Fig. 1), para esto se selecciona el tipo de material lignocelulósicos a trabajar, para dar un valor agregado a la producción se pueden emplear residuos postcosecha o residuos de producción por ejemplo olote o totomoxtle (residuos postcosecha de maíz) o bagazo de maguey (residuos de producción de mezcal). Para producción de hongo en tronco, se recomienda realizar el enriquecimiento en viruta de la madera del tronco que se usara para su cultivo. El material lignocelulósico en Agar se debe esterilizar por un mayor tiempo, entre 30 a 50 minutos a 15 Lb de presión (López et al., 2019; Ramos et al., 2019; López-Sánchez et al., 2020).

a) Nogal   b) Pino   c) Encino

Fuente: Elaboración propia.

Fig. 1. Crecimiento de hongo Lentinula edodes en medio Agar Papa y Dextrosa con enriquecimiento de: a) Nogal; b) Pino y c) Encino.

1.3.2 Semillas

En la producción a gran escala donde la siembra es en bolsa y tronco se realiza previamente el cultivo del micelio primario en trigo, sorgo o algún otro tipo de semillas (micelio secundario), dado a la facilidad de su incorporación, así como el hecho de manejar volúmenes grandes. Dependiendo los volúmenes la producción de semilla se realiza en frascos de diferentes capacidades o en bolsas. Los sustratos en bolsas suelen ser de aproximadamente 1 kilogramo para lo cual se requiere aproximadamente del 10 a 20 % en p/p de micelio secundario para su inoculación. De tal forma de que para 1 Kg se requiere de 100 a 200 g de micelio secundario. Para la preparación del micelio secundario se realiza lo siguiente: A partir del micelio primario, tiene efecto la activación micelial del hongo, mediante su resiembra en semillas de trigo previamente desinfectadas con HClO al 1% durante 5 min, y posteriormente llevadas a su cocción en agua en ebullición por 15 min. En el caso de emplear frascos estos se llenan hasta ¾ partes de su capacidad con el trigo cocido, para las bolsas se llenan especificando el peso y se adiciona una caja de micelio primario para cada 500 g de trigo. Para finalizar el procedimiento, se incuban en oscuridad a 26°C por espacio de 120 h o hasta observar la semilla completamente colonizada.

1.3.3 Sustratos lignocelulósicos

Primero es necesario seleccionar el tipo de sustrato que se utilizará ya sea por facilidad de uso, o costo económico. A manera de ejemplo pondremos el bagazo *Agave angustifolia* Haw, residual de la destilación de mezcal. Este sustrato se lava consecutivamente con agua caliente, a 80°C, hasta lograr la eliminación total de los azúcares residuales; enseguida, se seca al aire libre y se corta en pequeños trozos de 4-5 cm de longitud; a continuación, se colocan 500 g del bagazo hidratado hasta aproximadamente una humedad relativa del 70% en bolsas de polietileno con capacidad de 1.5 kg, y se esterilizan a 15 lb por 50 min en caso de no contar con autoclave se puede pasteurizar a 80°C manteniéndose la temperatura por 2 h. Se dejan enfriar y se inoculan con 5 g de micelio secundario, incubando en oscuridad a 26°C por espacio de 30 días para *Lentinula edodes*. Posteriormente, se someten a un choque de térmico

(4°C) con el propósito de inducir la fructificación y obtener el cuerpo fructífero o carpóforo (Fig. 2) (Reyes-Rodríguez et al., 2019).

Fuente: Elaboración propia.

Fig. 2. Fructificación del hongo a) Lentinula edodes a nivel laboratorio en sustratos lignocelulósicos: bagazo de Agave Angustifolia y bagazo de Agave Angustifolia con Totomoxtle, respectivamente.

1.3.4 Producción de biocilindros

Los biocilindros se obtienen a partir de tiras de madera de aproximadamente 3cm x 10 mm de diámetro, estos trozos se humedecen por 48 h, en promedio se pesan alrededor de 200g (peso húmedo), registrando peso inicial y final, tratando de lograr una humedad del 70% o mayor. Se colocan en bolsas de polietileno y se esterilizan por 50 min a 15 Lb. Se inoculan con micelio secundario bajo las mismas condiciones de la semilla. Se incuban a 26°C por espacio de 30 días o hasta observar completa colonización del micelio. Se conservan en refrigeración a 4 – 7 °C (López-Sánchez et al., 2020).

1.3.5 Siembra en tronco

La técnica de cultivo en madera consiste en la utilización de tronzos de 6 a 20 cm de diámetro y 0.95-1.20 metros de largo, los cuales se obtienen de trozos de árboles talados de preferencia cuando la actividad fisiológica es mínima, o bien, cuando comienzan a almacenar los productos de la fotosíntesis para la época seca por dos razones importantes. En la Fig. 3 se observa el proceso de siembra en tronco a partir de biotaquetes. Los trozos deber obtenerse de árboles vivos, sanos, libres de pudriciones, rectos y uniformes. Importante es mantener intacta la corteza, la cual permite mantener aislada la colonización del hongo de posibles contaminantes externos y permite la fructificación de los hongos. Los trozos con corteza fina pierden la humedad más fácilmente que los trozos de corteza gruesa, por lo que exige especial atención el monitoreo de la humedad (Ardón, 2007).

Fuente: Elaboración propia.

Fig. 3. *Proceso de cultivo en tronco de encino a partir de biotaquetes de Lentinula edodes.*

3. Resultados

1.4 Cultivo en comunidad

Como caso práctico tenemos el realizado en una comunidad de la Sierra Juárez del estado de Oaxaca, se inició por activación de micelio primario, de cepas de *Lentinula edodes* (Berk.) Pegler (111, 147 y 763) (Fig. 4) proveniente de Japón mismas que se sembraron en cajas con agar extracto de malta; a continuación, se incubaron a 26°C por 120 h, se resembraron hasta obtener un cultivo axenico. Otra de las cepas (identificada con el número 455), se aisló directamente de hongos cultivados en la Sierra Juárez, se aisló y purifico como se muestra en la sección 1.2.

Para lograr un pre adaptación de la cepa, se realizó cinéticas en Agar: Extracto de Malta (EM), Agar Dextrosa y Papa (PDA), Agar Dextrosa Sabouraud (ADS) y Agar Czapeck Dox (CZ), empleando como fuentes de enriquecimiento aserrín de pino (A) y sémola de trigo(S) y la combinación de ambos (A/S). Todas las cajas se incubaron a tres diferentes temperaturas: 22 °C, 24 °C y 26 °C (Ferreti de Lima y Borba, 2001, Smith et al., 2001). 1El mejor medio de cultivo para crecimiento micelial de las cepas de *Lentinula edodes* (Berk.) Pegler, fue el agar extracto de malta (AEM), debido al contenido de carbohidratos que favorecieron el crecimiento de los basidiomicetos en estudio.

La cantidad de micelio secundario se determinó mediante la activación micelial en trigo previamente montando una cinética con diferentes tratamientos para las semillas (Trigo hervido c/cascarilla, hervido s/cascarilla, remojado c/cascarilla, remojado s/cascarilla, con agua c/cascarilla y con agua s/cascarilla) midiendo el crecimiento ascendente y descendente en tubos de ensaye de 25x150 mm, sellados con papel aluminio esterilizados a 15 lb por 15 min. Posterior a la inoculación con un 1 cm^2 de agar colonizado, se incubaron a 26°C realizando mediciones cada 24 h. Las pruebas realizadas para la activación de trigo permitieron determinar en primera instancia el tratamiento previo que se debe realizar para mejorar la velocidad de crecimiento, para ello se encontró que se debe remojar el trigo y mantenerlo con cascarilla lo que evita posibles contaminaciones.

Para la producción de biocilindros para siembra en tronco, se realizaron a base de madera de pino. Los factores para análisis fueron la concentración de inoculo (10%, 15% y 20%), longitud del taquete (2 cm, 3 cm y 4 cm) y temperatura (24°C, 26°C y 27°C), teniendo como variable de respuesta la velocidad de crecimiento y la colonización de los biocilindros. Se determinó que el tamaño de partícula de 4 cm y a 24-26°C de temperatura de incubación se obtiene los mejores resultados y la mayor velocidad de crecimiento, con micelio aéreo y vigoroso.

Fuente: Elaboración propia.

Fig. 4. Proceso de producción de Lentinula edodes en comunidad.

4. Conclusiones

Es importante destacar que los medios de cultivo enriquecidos con sémola de trigo y la mezcla de aserrín de pino y sémola de trigo, mostraron el crecimiento más vigoroso de todo el experimento, esto probablemente debido a los nutrientes que posee la mezcla y que aporta al metabolismo de las cepas. Para la producción de biotaquetes de determinó que el mejor tamaño de partícula fue de 4cm a 24-26°C de temperatura de incubación. Cuando se llevó a cabo la inoculación en campo se logró aplicar los resultados sobre las etapas de producción de Shiitake a nivel laboratorio y se tuvo muy buenos resultados ya que se logró obtener alta eficiencia biológica.

REFERENCIAS

Ardon, L.C.E. (2007). La producción de los hongos comestibles. Universidad de San Carlos de Guatemala. Facultad de humanidades. Departamento de postgrado. 213 pág.

Bernas, E., Jaworska, G. and Lisiewska, Z. (2006). Edible mushrooms as a source of valuable nutritive constituents. Acta Scientiarum Polonorum, Technologia Alimentaria, 5 (1): 5-20.

Chang, S., and Miles, G. P. (2004). Mushrooms: Cultivation, Nutritional Value, Medicinal Effects and Environmental Impact. Boca Raton, FL: CRC Press. http://dx.doi.org/10.1201/9780203492086.

Ferreti De Lima y Borba, M. (2001). Viability, morphological characteristics and dimorphic ability of fungi preserved by different methods. Rev. Iberoam Micol. 18(4):191-196.

Gupta, S., Summuna, B., Gupta, M. and Annepu, S.K. (2018). Edible Mushrooms: Cultivation, Bioactive Molecules. Bioactive Molecules in Food. Reference Series in Phytochemistry, Springer International Publishing AG, part of Springer Nature, 1-34. DOI: https://doi.org/10.1007/978-3-319-78030-6_86.

López, S.C., Reyes, R.E. y Palma, F.J. (2019). Bagazo de agave angustifolia y totomoxtle, como suplemento forrajero enriquecido con *Pleurotus ostreatus*. Contribución al Conocimiento Científico y Tecnológico en Oaxaca. No. Especial "Agave-Mezcal". 30-36.

López-Peña, D., Gutiérrez, A. y Esqueda, M. (2013). Cinética de crecimiento y composición química del micelio de Lentinula edodes cultivado en medio líquido suplementado con extractos de madera de vid. Revista Mexicana de Micología 37: 51-59.

López-Sánchez, C. Juárez-Ramos, E. León-Enríquez, B.L., Reyes-Rodríguez, E. Palma-Cruz, F.J. (2020). Establecimiento de dos sistemas de producción de Ganoderma lucidum P.Karst. con fines medicinales. Revista del centro de graduados e investigación. Instituto Tecnológico de Mérida. 35 (83): 102-106.

López-Sánchez, C. Reyes-Rodríguez, E. Palma-Cruz, F.J. (2020). Biocilindros de Shiitake para siembra en tronco de encino a nivel comunitario en Oaxaca. Revista del centro de graduados e investigación. Instituto Tecnológico de Mérida. 35 (81): 6-9.

López-Sánchez, C., Reyes, R.E. y Palma, C.F.J. (2019). Cultivo, aislamiento, caracterización y preservación micelial de Lentinula edodes (Berk.) Pegler en medio enriquecido. Coloquio de Investigación Multidisciplinaria 2019. Journal CIM. 7 (1): 1397-1402.

Ramos, J.E., López, S.C., Palma, CF.J. (2019). Kinetic characterization of the radial growth of Ganoderma lucidum cultivated in different culture media, with and without supplement. VI Congress of Biochemistry and Molecular Biology of Bacteria and XLI National Congress of Microbiology, by the SMB and BBMB in the city of Oaxaca from October 27-31, 2019.

Reyes, R.E., López, S.C. y Palma, C.F.J. (2019). Modelo logístico de crecimiento in vitro de Shiitake (Lentinula edodes) en diferentes medios de cultivo. III Congreso Nacional de Investigaciones Microbiológicas, en la Benemérita Universidad Autónoma de Puebla, realizado del 14 al 16 de agosto de 2019.

Reyes-Rodríguez, E. López, S.C. y Palma, F.J. (2019). Growth evaluation of lentinan producer mycelium of Lentinula edodes (Berk.) Pegler, in solid and submerged fermentation medium. VI Congress of Biochemistry and Molecular Biology of Bacteria and XLI National Congress of Microbiology, by the SMB and BBMB in the city of Oaxaca from October 27-31, 2019.

Rivera, O.A., Albarracín, W., Lares, M. (2017). Componentes Bioactivos del Shiitake (Lentinula edodes Berk. Pegler) y su impacto en la salud. Archivos Venezolanos de Farmacología y Terapéutica.36 (3): 67-71.

Romero-Arenas, O., Valencia-Delta, MA., Rivera-Tapia, A., Tello-Salgado, I., Espino-Barros, V., & Damián-Huanto, M. M. A. (2018). Capacidad productiva de Pleurotus ostreatus utilizando alfalfa deshidratada como suplemento en diferentes sustratos agrícolas. Agricultura, Sociedad y Desarrollo, 15 (2), 145-160.

Silva, R.S., Fritz, C.F., Cubillos, J.A., Díaz. M.C. (2010). Manual para la producción de hongos comestibles (Shiitake). Proyecto: Utilización de desechos de podas del arbolado urbano como sustrato para la producción de hongos comestibles (Shiitake) en la comuna de La Pintana. 38 pág.

Smith, P. K., Krohn, R. I., Hermanson, G. T., Mallia, A. K., Gartner, F. H., Frovenzano, M. D., Fujimoto, E. K., Goeke, N. M., Olson, B. J. and Klenk, D. C. (1985). Measurement of Protein Using Bicinchoninic Acid. Analytical biochemistry. 150: 76-85.

Vetter, J. (2019). Biological values of cultivated mushrooms – a review, *Acta Alimentaria*, 48 (2): 229–240. DOI: 10.1556 / 066.2019.48.2.11.

Wang, X.M., Zhang, J., Wu, L.H., Zhao, Y.L., Li, T., Li, J. Q., Wang, Y.Z. and Liu, H.G. (2014). A minireview of chemical composition and nutritional value of edible wild-grown mushroom from China, Food Chemistry, 151: 279-285. DOI: 10.1016 / j.foodchem.2013.11.062.

Zhuang, H., Chen, Z., Feng, T., Yang, Y., Zhang, J., Liu, G., Li, Z., Ye, R. (2017). Characterization of Lentinus edodes b-glucan influencing the in vitro starch digestibility of wheat starch gel. Food Chemistry. 224: 294–301. DOI: 10.1016/j.foodchem.2016.12.087.

CAPÍTULO 2

ESTUDIO DE PRODUCTOS DE LA INDUSTRIA VETERINARIA PARA EL SECTOR AVÍCOLA

Dra. Miriam Silvia López Vigil[1], M.I.I. Héctor Santos Alvarado[1],
M.C. Héctor Islas Torres[1], Abigail Araceli Castro Luna[2]*

[1] ITTEH-CA-2-GESTIÓN Y COMPETITIVIDAD INDUSTRIAL

Tecnológico Nacional de México/Instituto Tecnológico de Tehuacán

[2]Alumna de Ingeniería Bioquímica

Tecnológico Nacional de México/Instituto Tecnológico de Tehuacán

[*]miriamsilvia.lv@tehuacan.tecnm.mx

Resumen

La producción avícola es una de las industrias de mayor crecimiento dentro de las actividades pecuarias, impulsada principalmente por una fuerte demanda de producción de alimentos en países de todos los niveles de ingresos y dentro de la dieta de una gran parte de la población mexicana, lo que ha producido un aumento de la cantidad de explotaciones avícolas y de la comercialización de sus productos.

Este crecimiento exponencial debe ir acompañado con la implementación de estrictos programas de bioseguridad para preservar el estatus sanitario requerido. Es aquí donde radica la importancia de la Industria Veterinaria, ya que es esta quien provee una importante cantidad de productos para prevenir, controlar y atacar amenazas sanitarias que en su mayor medida son enfermedades infecciosas. El presente trabajo presenta un estudio de productos que la industria veterinaria genera para dar soporte a la producción avícola.

Palabras clave: Industria Veterinaria, vacunas, antibióticos, aditivos, desinfectantes.

Abstract

Poultry production is one of the fastest growing industries within livestock activities, driven mainly by a strong demand for food production in countries of all income levels and within the diet of a large part of the Mexican population, which has produced an increase in the number of poultry farms and the marketing of their products.

This exponential growth must be accompanied by the implementation of strict biosecurity programs to preserve the required health status. This is where the importance of the Veterinary Industry lies, since it is this that provides a significant amount of products to prevent, control and attack health threats that are mostly infectious diseases. This paper presents a study of products that the veterinary industry generates to support poultry production.

Key words: Veterinary Industry, vaccines, antibiotics, additives, disinfectants.

1. Introducción

La avicultura es la actividad pecuaria más desarrollada y con un registro de alta productividad en México. En 2019 la avicultura mexicana aportó el 0.89% en el PIB total, el 28.01% en el PIB agropecuario y el 36.6% en el PIB pecuario. De 2008 al 2019 el consumo de insumos agrícolas ha crecido 17.5%, con una Tasa de Crecimiento Media Anual de 1.6% (*Situación de la avicultura mexicana*, 2021)

Algunos estados del país como Querétaro, Jalisco, Aguascalientes, Guanajuato, Estado de México y Puebla concentran hasta 46% del total de la producción del pollo de engorda; 25% se le atribuye a Veracruz, Chiapas y Yucatán; 13% en la región del norte del país, La Laguna y

Nuevo León; y el restante 16% se distribuye en las dos terceras partes del país (*Ávila et al.*, 2018).

En el 2020 se produjeron 3 millones 550 mil toneladas de carne de pollo, con un crecimiento de 1.5% respecto a 2019. La comercialización de pollo en México se lleva cabo de la siguiente manera: vivo 37%, rosticero 37%, mercado público 9%, supermercado 3%, piezas 11% y productos de valor agregado 3%.

En el plano internacional, nuestro país es actualmente el sexto lugar en producción de pollo, detrás de países como: Estados Unidos (19.8 millones de toneladas, Brasil (13.6 millones de toneladas), China (13.8 millones de toneladas), India (4.9 millones de toneladas) y Rusia (5.1 millones de toneladas).

En lo que se refiere a la producción de huevo, basta mencionar que son cinco estados los que concentran 80% de la producción. (*Situación de la avicultura mexicana*, 2021)

Al cierre del 2020, la producción de huevo fue superior a los 2.9 millones de toneladas lo que refleja un crecimiento de 2.8% respecto a 2019. Asimismo, el crecimiento en la producción de huevo en el lapso de 2009 a 2019 fue de 20%, con una Tasa de Crecimiento Media Anual de 1.81%.

A nivel mundial México ocupa el primer lugar como consumidor de huevo y en lo que se refiere al pollo de engorda se encuentra por debajo de varios países latinoamericanos, aun cuando su consumo es mayor y el precio al público es más accesible, respecto de otras fuentes de proteína de origen animal. En México se producen anualmente seis millones de toneladas de productos avícolas, cuyo valor supera los 130 000 millones de pesos mexicanos. Esto significa que, excluyendo la leche de vaca, la avicultura mexicana participa con casi 64% de la producción pecuaria nacional (34.3% pollo, 29.4% huevo y 0.1% pavo) (*Ávila et al.*, 2018).

Junto al reto de cubrir la demanda de producción, la avicultura enfrenta el gran reto de la inocuidad sanitaria, debido a que las enfermedades infecciosas que afectan a las aves continúan siendo una problemática importante del sector, por lo que la implementación de estrictos programas de bioseguridad, así como la tecnificación de los procesos productivos, constituyen los focos de atención en la producción avícola (*Jaimes et al.*, 2010). Entre las amenazas más relevantes que enfrenta el sector avícola se encuentran las enfermedades infecciosas, fuente de las mayores pérdidas económicas que sufre el sistema productivo, no solo por la mortalidad que generan, sino por los decomisos, los altos costos en tratamientos y diversas consecuencias económicas en el sistema productivo (*Jaimes et al.*, 2010).

En la Tabla 1 se enumeran las enfermedades avícolas infecciosas más importantes del mundo. Según las listas de la Organización Mundial de Sanidad Animal (OIE, 2000), estas son las enfermedades reconocidas mundialmente como las enfermedades que despiertan mayor preocupación, debido a su impacto económico en la producción comercial de aves de corral y a sus posibles efectos negativos sobre el comercio.

Tabla 1. Enfermedades infecciosas de aves.

Enfermedad de las aves de corral	Agente	Principales signos y lesiones de las enfermedades en el campo	Principal vía de propagación		
			Fecal-oral (y contacto)	Aerosoles (y contacto)	Huevos
Micoplasmosis aviar	Bacteria	Enfermedad respiratoria, aerosaculitis *(M. gallisepticum)* cojera, lesiones articulares, *M. synoviae*		+	+
Cólera aviar >>	Bacteria	Forma aguda septicemia Las infecciones crónicas están asociadas con problemas respiratorios y lesiones en la cabeza	+ (aves silvestres y alimañas)	+	
Influenza aviar altamente patógena	Virus #	Enfermedad respiratoria, altos niveles de mortalidad: muertes humanas x IAAP H5N1		+	
Bronquitis infecciosa aviar >>	Virus	Enfermedad respiratoria y renal, disminución de la producción de huevos		+	

Enfermedad	Agente	Signos			
Laringotraqueítis infecciosa aviar	Virus	Enfermedad respiratoria (diversos grados) y conjuntivitis		+	
Enfermedad de Newcastle	Virus #	Enfermedad del sistema respiratorio y del sistema nervioso: conjuntivitis (humanos)		+	
Bursitis infecciosa aviar >>	Virus	Enfermedad y pérdidas, especialmente entre 3 y 5 semanas de edad, con trastornos por inmunosupresión, por ejemplo, crecimiento insuficiente, necrosis de la punta de las alas, hepatitis de cuerpos de inclusión	+		
Leucosis aviar y reticuloendoteliosis	Virus	Tumores, Pollos con retraso del crecimiento.			+ +
Enfermedad de Marek >>	Virus	Parálisis de patas y/o alas, tumores de vísceras, piel, nervios, ojos		+descamaciones de la piel y plumas contaminadas	
Tifosis aviar Pulorosis	Bacteria	Diarrea acuosa, hígado con coloración bronce.	+ +		+ +
Adenovirus aviar GP1 >>	Virus	Hepatitis de cuerpos de inclusión en pollos de engorde	+		+
Reovirus aviar	Virus	Cojera, tenosinovitis	+		+
Clamidiosis aviar	Bacteria #	Infecciones de bazo, hígado y sacos aéreos. Humanos atención autopsia	+Contaminado con polvo/ aerosol		+
Infección por Campylobacter >>	Bacteria #	Infecciones en los pollos, pero no enfermedades. Fuente para los seres humanos	+		+
Salmonela paratifoidea >>	Bacteria #	Infecciones entéricas en pollos y seres humanos	+		+
Encefalomielitis aviar >>	Virus	Temblores epidémicos en los pollitos, disminución de la producción de huevos.		++	
Anemia infecciosa de los pollitos >>	Virus	Anemia y retraso del crecimiento, después enfermedades de etiología compleja (causas) a las que predispone el virus inmunodepresor		++	

Coriza aviar	Bacteria	Exudado nasal y ocular, hinchazón facial, disminución en la producción de huevos	+ (y propagación a través de la bebida)
Viruela aviar	Virus	Lesiones cutáneas (secas) y formas húmedas	Transmisión por mosquitos
Coccidiosis >>	Eimeria (protozoos)	Disentería, heces mucoides blandas. Sangre en zonas intestinales determinadas.	+

>> Patógenos específicos con mayor riesgo de introducción accidental en las explotaciones.
Patógenos zoonóticos de las aves de corral.

Fuente: OIE. (2000). *Diseases of poultry: world trade and public health implications (monografía).* Revue Scientifique et Technique, París, Organización Mundial de Sanidad Animal.

Los medicamentos y biológicos veterinarios son herramienta indispensable para preservar la salud animal y el control de brotes de enfermedades, es por ello que la vinculación estratégica entre la Secretaría de Agricultura, Ganadería, Desarrollo Rural, Pesca y Alimentación (SAGARPA) y la Industria Farmacéutica Veterinaria es necesaria para preservar el estatus sanitario que mantiene México (Servicio Nacional de Sanidad, Inocuidad y Calidad Agroalimentaria, 2018).

La capacidad de los países para contener brotes, depende en gran medida de los farmacéuticos veterinarios con que cuenta, es por ello que se debe invertir en la investigación para desarrollar medicamentos eficaces, de calidad que permitan hacer frente a los retos que el mundo globalizado implica para la salud animal.

2. Desarrollo

Investigación documental del estado del arte de la producción avícola y su relación con la industria veterinaria.

Estudio y descripción de diferentes productos de la Industria farmacéutica veterinaria para el sector avícola.

Estudios de casos reales de elaboración de productos veterinarios analizando sus ventajas, limitaciones y oportunidades de mejora.

Análisis de características de productos veterinarios para el sector avícola.

3. Resultados

Los productos veterinarios ayudan a controlar enfermedades infecciosas y parásitos en las aves, normalmente se trata de vacunas y de agentes antiparasitarios y antiinfecciosos. Los suplementos nutricionales, los antibióticos y las hormonas son productos de amplio uso para promover el crecimiento y la salud de los animales (Tait, 2012). La salud animal también incluye la bioseguridad la cual previene y evita la entrada de agentes patógenos que puedan afectar a la sanidad, el bienestar y los rendimientos zootécnicos de las aves, y es en esta donde se incluyen otro tipo de producto veterinario como lo son los desinfectantes y limpiadores, pues es de igual que importante atacar desde afuera las amenazas para la producción animal en este caso la avícola.

Los medicamentos veterinarios se pueden clasificar atendiendo a diferentes características:

- **Por su naturaleza**: *inmunológicos o farmacológicos.*
- **Por sus propiedades** *antiparasitarios, analgésicos, anestésicos, etc.*
- **Por su vía de administración**: *inyectables, orales, tópicos, intraoculares, etc.*
- **Por su forma farmacéutica**: *comprimidos, soluciones orales, polvos orales, premezclas medicamentosas (aquellas que no son solubles), soluciones para el agua de bebida, pomadas, etc.*

Se destacan principalmente:

- **Vacunas:** constituidas por un microorganismo muerto o atenuado, o parte de éste, causante de una determinada enfermedad contra la que se quiere proteger, que no desencadena dicha enfermedad cuando se administra al paciente, pero estimula la producción de anticuerpos y células protectoras para combatirla.

- **Antibióticos:** sustancias que eliminan o inhiben el crecimiento de bacterias.
- **Antiparasitarios:** sustancias que destruyen los parásitos, los cuales pueden ser tanto endoparásitos como los ectoparásitos.
- **Aditivos y suplementos alimenticios:** suplementos que se añaden a las dietas, proporcionando complementos y nutrientes esenciales necesarios para la salud y el rendimiento.
- **Desinfectantes:** sustancias que se emplean para destruir los microorganismos o inhibir su desarrollo, y que ejercen su acción sobre una superficie inerte u objeto inanimado.

Vacunas

Una vacunación se define como la incorporación de un agente infeccioso atenuado o inactivado en el interior de un cuerpo viviente para producir un grado de inmunidad que se mide a través de una respuesta inmunológica.

Las vacunas aviares son las responsables de estimular una inmunidad activa en las parvadas debidamente inmunizadas capaz de proteger a las aves a la exposición de las cepas patógenas presentes en las operaciones avícolas (Perozo, Reyes, & Fernández, 2016). En la tabla 2 se ejemplifican los dos grupos de biológicos aviares producidos por la industria veterinaria.

Tabla 2. Principales Biológicos Aviares

VACUNAS AVIARES	
Básicas (Se administran en la mayoría de las operaciones avícolas comerciales)	**Adicionales** (Se administran en regiones o territorios específicos donde se detecta dicha entidad infecciosa)
• Marek • Gumboro • Viruela Aviar • Newcastle • Bronquitis Infecciosa • Reovirosis Aviar • Coriza Infecciosa • Encefalomielitis Aviar • Coccidiosis Aviar	• Cólera Aviar • Hepatitis por Cuerpos de Inclusión • Laringotraqueitis Aviar • Influenza Aviar • Metapneumovirosis Aviar (A.R.T.) • Colibacilosis

Antibióticos

Los antibióticos pertenecen a una categoría de medicamentos llamados "antimicrobianos" e incluyen penicilina (amoxilina), tetraciclinas, fluoroquinolonas (medicamentos Cipro) y otras formulaciones que pueden matar o inhibir el crecimiento de las bacterias sin causar daños significativos a los pacientes.

Una de las controversias más grande de la administración de antibióticos tiene relación con el uso de estas sustancias utilizadas para tratar enfermedades humanas en las aves de corral. Se desconoce el efecto en la salud humana, a corto o largo plazo, del uso de medicamentos humanos para tratar las enfermedades en las bandadas de pollos de engorde.

La mayoría de los productores de pollo de engorde suministran antibióticos tanto de uso humano como de uso veterinario a sus bandadas no solo por razones terapéuticas sino para que las aves ganen más de peso (*El uso de antibióticos en las aves*, 2017).

Desparasitantes

Los protozoarios y gusanos son los principales causantes de las parasitosis internas en las aves de corral, que incluye a gallinas, patos y pavos.

Las infestaciones por gusanos son menos frecuentes en producciones altamente tecnificadas en donde además de aplicar programas de vacunación, la utilización de desparasitantes para aves se realiza, también, de manera programada, con el fin de interferir en los ciclos de los diferentes parásitos. Por el contrario, las aves de traspatio suelen ser los hospedadores de gusanos y ectoparásitos como piojos por la poca higiene que suele existir en este tipo de sistema (*Desparasitantes para aves: Parasitosis internas*, 2015).

El *Albendazol y el Mebendazol* son los desparasitantes para aves comúnmente utilizados en el control y tratamiento de las infestaciones por gusanos planos.

Junto con las amebiasis, las coccidiosis representan una grave amenaza para la avicultura, estas viven y se reproducen en el tracto digestivo de las aves, donde causan severo daño a los tejidos. Las coccidiosis pueden ser controladas, pero no eliminadas, con adecuada sanidad, nutrición, agua limpia y una cama seca.

Aditivos y suplementos alimenticios

El objetivo de la formulación de los alimentos es obtener una dieta equilibrada que aporte a las aves las cantidades adecuadas de nutrientes biológicamente disponibles para satisfacer sus necesidades. Además de energía y proteínas, las formulaciones contienen suplementos que aportan minerales, vitaminas y aminoácidos específicos. Estos suplementos tienen que añadirse a todas las dietas, ya que proporcionan los nutrientes esenciales necesarios para la salud y el rendimiento. Las formulaciones modernas de los alimentos también contienen toda una serie de aditivos no nutritivos, que pueden no ser esenciales, pero influyen de manera significativa en el rendimiento y la salud. En muchos casos, la necesidad de su inclusión es bien conocida (Ravindran, 2013). La Tabla 3 resume los principales aditivos utilizados en las formulaciones de alimentos para aves de corral

Tabla 3. Aditivos para las formulaciones de alimentos para aves de corral.

ADITIVO	EJEMPLOS	RAZONES PARA SU USO
Enzimas	Xilanasas, ß-glucanasas, fitasa	Paliar los efectos antinutricionales de los arabinoxilanos (en trigo y tritical), ß-glucanos (en cebada) o fitato (en todos los alimentos vegetales); mejorar la disponibilidad global de nutrientes y el valor nutritivo.
Antibióticos[1]	Avilamicina, virginiamicina, bacitracina-cinc, avoparcina, tilosina, espiramicina	Controlar las bacterias gram-positivas, las especies de bacterias intestinales nocivas; mejorar la eficiencia de la producción como medida profiláctica contra la enteritis necrótica.
Coccidiostáticos	Monensina, salinomicina, narasina	Prevenir y controlar los síntomas clínicos de la coccidiosis.
Pigmentos	Xantofila (naturales y sintéticos)	Intensificar el color de la yema de los huevos y mejorar el color de la piel y el aspecto de la canal.
Antioxidantes	Butilhidroxitoluol (BHT), butilhidroxianisol (BHA), etoxiquina	Evitar la autooxidación de grasas y aceites en la dieta.

Antifúngicos		Controlar el crecimiento de moho en los alimentos; mitigar los efectos negativos de las micotoxinas.
SUSTITUTOS DE LOS ANTIBIÓTICOS[2]		
Alimentación directa con microbianos	Probióticos	Proporcionar especies benéficas como los lactobacilos y los estreptococos.
Prebióticos	Fruto-oligosacáridos (FOS), manano-oligosacáridos (MOS)	Ligar las bacterias nocivas.
Ácidos orgánicos	Ácido propiónico, diformiato	Reducir el pH intestinal y evitar el crecimiento de bacterias nocivas.
Botánicos	Hierbas, especias, extractos vegetales, aceites esenciales	Prevenir el crecimiento de bacterias nocivas.
Proteínas y péptidos antimicrobianos	Lisozima, lactacin F, lactoferrina, alfa-lactoalbúmina	Prevenir el crecimiento de bacterias nocivas.
SUPLEMENTOS NUTRICIONALES		
Minerales	Macrominerales (Ca, P, Na)	Para el crecimiento y el desarrollo normal del esqueleto, formación de cascarón.
Oligoelementos	Zn, Fe, Mn, Co, Se	Elementos necesarios en la dieta en concentraciones mínimas (< 0.01%)
Aminoácidos	Metionina, Lisina, Treonina y Triptofano	Equilibran los niveles de aminoácidos y mejoran la utilización de proteínas en la alimentación animal.

[1] El uso de avoparcina, bacitracina-cinc, espiramicina, virginiamicina y fosfato de tilosina como aditivos para piensos de animales fue prohibido en la Unión Europea en 1998.

[2] En previsión de una prohibición total del uso de antibióticos en los alimentos animales, se están sometiendo a examen en la actualidad una multitud de compuestos (individualmente y en combinación).

Fuente: Adaptado de Ravindran, V. (2013).

Desinfectantes

La crianza de aves implica una diversidad de riesgos asociados al ambiente y constante exposición a diversos contaminantes: virus, bacterias, parásitos, hongos y polvo, que afectan la ganancia de peso e incrementa la mortalidad por eso **es muy importante contar con una buena desinfección** (Hernández, 2020).

El método más seguro y rentable para desinfectar un gallinero consiste en el empleo de desinfectantes químicos. El concepto "desinfección" significa lograr la destrucción de la microflora -bacterias, virus, hongos, etc. que, a diferencia de la antisepsia, consiste en reducir o minimizar la contaminación a niveles sanitarios adecuados. La desinfección no pretende la eliminación absoluta de los microorganismos, cosa que se refiere exclusivamente a la aplicación del término esterilización o asepsia. La desinfección actúa sobre una población microbiana banal o ambiental reduciéndola a límites sanitarios aceptables, correspondiendo esta acción a una actividad entre el desinfectante utilizado y la superficie de la instalación o del material a desinfectar (Roca, 1981). La tabla 4 resume las principales características de los desinfectantes utilizados en la Industria Avícola.

Tabla 4. Principales características de desinfectantes.

CARACTERÍSTICAS	DESINFECTANTES					
	Ácido peracético	Clorados	Yodóforos	Glutaraldehídos	Timsen (Cloruro de n– alquil dimetil – bencil amonio)	Amonio cuaternario
Corrosividad	Moderadamente Corrosivo	Corrosivo	Moderadamente corrosivo	Moderadamente corrosivo	No	No
Irritación de la piel	Media	Irritante	Media	Irritante	No	No
Efectividad a pH neutro	Si	Si	Si	Si	Si	No
Efectividad a pH ácido	Si	Si, pero estable	Si	Si	Si	Si
Alcalino	Si	Si pero menos que a pH neutro	Si	Si	Si	Si
Afectado por materia orgánica	Parcialmente	Si	Moderadamente	Parcialmente	No	Parcialmente
Afectado por la dureza del agua	Ligeramente	No	Ligeramente	No	No, hasta 500 ppm CaCO3	Algunos
Actividad microbiana residual	Moderada	Ninguna	Moderada	Baja	Moderada	moderada
Costo	Medio	Bajo	Alto	Bajo	Medio	Medio
Incompatibilidad	Agentes reductores, iones metálicos, álcalis fuertes	Soluciones acidas, fenoles y aminas	Detergentes altamente alcalinos	Álcalis	Sustancias aniónica, jabones, aceites y alcoholes	Agentes humectantes aniónicos, jabones
Estabilidad de la solución	Se pierde lentamente	Se pierde rápidamente	Se pierde lentamente	Se pierde lentamente	Alta	Estable
Concentración máxima permitida (FDA) sin enjuagar	100 – 200 ppm	200 ppm	25 ppm	50 ppm	2000 ppm	25 ppm
Sensibilidad a la temperatura del agua	Ninguna	Ninguna	Alta	Media	Baja	Ninguna
Nivel de espuma	Ninguna	Ninguna	Baja	Media	Sin datos	Alta
Biodegradabilidad	Alta	Baja	Baja	Media	Alta	Baja

Fuente: *Piedrahita, J. & Suarez, D., 2009.*

4. Conclusiones

En el contexto económico y legislativo actual, la gestión inteligente de la bioseguridad en la producción avícola es un factor clave, ya que representa una herramienta fundamental para garantizar un rendimiento máximo sin renunciar a las garantías de bienestar animal exigidas hoy en día. La industria veterinaria es quien proporciona los diversos productos como herramientas dentro del plan de bioseguridad, y dentro de este, el proceso de limpieza y desinfección es la base para prevenir las amenazas de la producción avícola, tal es el caso de los desinfectantes veterinarios, los cuales juegan un papel importante, debido a que gracias a ellos se pueden prevenir las diversas enfermedades avícolas, es por ello la importancia de que estos cumplan con características específicas.

Cabe resaltar la necesidad de revisar procesos, ingredientes y biodegradabilidad de los diversos productos veterinarios que garanticen una producción limpia y sustentable para nuestro ambiente.

5. Referencias

Ávila, E., Carmona, J., Castañeda, M., Cortés, A., Fuente, B., García, G., Hernández, X., Juárez, M., Ledesma, N., Mercado, A., Merino, R., Paz, R., Posadas, G., Quintana, J., Quiroz, M., Rosario, C., Salamanca, R., Sánchez, F., Sánchez, E., Suazo, L., & Urquiza, O. (2018). *Introducción a la zootecnia del pollo y la gallina*. México: UNAM.

Desparasitantes para aves: Parasitosis internas. (2015). Sitio web: http://www.lavet.com.mx/desparasitantes-para-aves-parasitosis/

El uso de antibióticos en las aves (2017). Perú: CKM. Sitio web: https://www.ckmperu.com/uso-antibioticos-para-aves/

Hernández, M. (2020). *Desinfección de galpones en avicultura*. mayo 8, 2021, de Veterinaria Digital Sitio web: https://www.veterinariadigital.com/articulos/desinfeccion-de-galpones-en-avicultura/

Jaimes J., Gómez A., Álvarez D., Soler D., Romero J., & Villamil L. (2010). *Las enfermedades infecciosas y su importancia en el sector avícola*. Revista Medica Veterinaria. Fuente: https://ciencia.lasalle.edu.co/cgi/viewcontent.cgi?article=1036&context=mv

OIE. (2000). *Diseases of poultry: world trade and public health implications* (monografía). Revue Scientifique et Technique, París, Organización Mundial de Sanidad Animal.

Perozo, F., Reyes, I., & Fernandez, R. (2016). *Programas de vacunación en las aves reproductoras. Consideraciones generales.* Abril 27, 2021, de Avicultura.info. Sitio web: https://avicultura.info/programas-vacunacion-aves-reproductoras/#:~:text=Si%20las%20aves%20son%20encasetadas,aves%20criadas%20en%20el%20piso.

Piedrahita, J. y Suarez, D. (2009). *Diseño conceptual de una planta de producción de ácido peracético a partir de peróxido de hidrógeno y acido peracético.* Medellín, Colombia. Universidad EAFIT.

Ravindran, V. (2013). *Disponibilidad de piensos y nutrición de aves de corral en países en desarrollo. Suplementos y aditivos de los alimentos.* Monogastric Research Centre, Institute of Food, Nutrition and Human Health, Massey University, Palmerston North, Nueva Zelanda. FAO. Sitio web: http://www.fao.org/3/al704s/al704s.pdf

Roca, L. (1981). *La desinfección en avicultura.* Selecciones avícolas, IV, 130-139.

Situación de la avicultura mexicana, Expectativas 2021. (2021). Unión Nacional de Avicultores. Sitio web: https://una.org.mx/industria/

Servicio Nacional de Sanidad, Inocuidad y Calidad Agroalimentaria. (2018). *Industria veterinaria indispensable para preservar la salud animal.* Sitio web: https://www.gob.mx/senasica/prensa/industria-veterinaria-indispensable-para-preservar-la-salud-animal

Tait, K. (2012). *Industria Farmaceutica.* Enciclopedia de Salud y Seguridad en el Trabajo (79). Madrid, España: INSHT.

CAPÍTULO 3

CORE TOOLS EN EMPRESA QUE OFRECE SERVICIOS Y SOLUCIONES DE MANUFACTURA DE CALIDAD

Lorena Santos Espinosa[1*], Filemón Carreño Reyna[1], Sonia Marilis Mora de Parada[2], Ma. de Lourdes Huerta Becerra[3]

[1]ITSSNA-CA-1-TECNOLOGÍA Y AUTOMATIZACIÓN DE PROCESOS

Tecnológico Nacional de México/Instituto Tecnológico Superior de la Sierra Negra de Ajalpan

[2]Universidad Pedagógica Experimental Libertador. Valencia Venezuela

[3] UTTLAX-CA-2 - INGENIERIA EN PROCESOS.

Universidad Tecnológica de Tlaxcala

*profa_lorenasantosespinosa@ajalpan.tecnm.mx

Resumen

El propósito principal de esta creación fue desarrollar herramientas de calidad en la línea de producción de válvulas de bajo y alto volumen. Se realizó el conocimiento de Workmanship, dentro de la estación de OBA (Output-Based Aid) con la finalidad de conocer el proceso de inspección cosmética de válvulas, para así poder ser empacadas. Se mapearon los procesos efectuados dentro de la línea de producción, después se realizaron auditorías de ayudas visuales para conocer el estado en que se encontraban las estaciones, estas herramientas controlan los procesos y guían a los trabajadores en la realización de las operaciones.

Posteriormente se generaron diagramas de flujo, así mismo se incorporó un análisis a modo de fallas (PFMEA), herramienta que ayudó a visualizar cada una de las fallas percatadas dentro del proceso de ensamble de válvulas y se culminó con el desarrollo de un plan de control con el objetivo de garantizar que el producto resultante cumpla los requisitos requeridos por el cliente, entre ellos disminuir la gravedad del riesgo, reducir la probabilidad de que ocurra la falla, y sobre todo aumentar la capacidad de detección evitando así que se presente el riesgo dentro del proceso de manufactura obteniendo como resultado un 15% de mejora en la línea.

Palabras clave: Herramientas Core Tools, Calidad, Ayudas visuales, Modo de fallas

Abstract

Quality tools were developed in the low and high volume valve production line. Knowledge of Workmanship was carried out, within the OBA (Output-Based Aid) station in order to know the cosmetic inspection process of valves, in order to be able to be packed. The processes carried out within the production line were mapped, afterwards audits of visual aids were carried out to know the status of the stations, these tools control the processes and guide the workers in carrying out the operations.

Subsequently, flow diagrams were developed, likewise a failure analysis (PFMEA) was incorporated, a tool that helped to visualize each of the failures detected within the valve assembly process and culminated with the development of a control plan with the aim of guaranteeing that the resulting product meets the requirements required by the client, including reducing the severity of the risk, reducing the probability of the failure occurring, and above all increasing the detection capacity to prevent the risk from occurring within the manufacturing process, thus obtaining a 15% improvement in the line.

Keywords: Core Tools, Quality, Visual Aids, Failure Mode

1. Introducción

La American Society for Quality (ASQ) refiere que la calidad puede tener dos significados: 1) son las características de un producto o de un servicio que influyen en su capacidad de satisfacer necesidades implícitas o específicas; 2) Es un producto o un servicio libre de deficiencias" (Gutiérrez Pulido, 2010).

En atención a lo referido, la eficiencia de las Core Tools pueden ayudar a una empresa manufacturera a mejorar sus procesos de planificación, ejecución y monitoreo de un producto, ya que con esta herramienta se puede diseñar, desarrollar, medir, controlar, analizar y aprobar productos y servicios de calidad que satisfagan las necesidades y expectativas del cliente. Core tools consta de seis herramientas: APQ es la Planeación Avanzada de la Calidad de Producto. Su propósito es producir un plan de calidad del producto o servicio que apoye el desarrollo de este para lograr satisfacer las necesidades del cliente., PPAP es el Proceso de Aprobación de Partes de Producción, está diseñado para que en la cadena de suministro se pueda establecer la confianza de los componentes y procesos de producción de los proveedores. FMEA es el Análisis del Modo y Efecto de Falla, se utiliza durante el desarrollo del producto y del proceso, con la intención de asegurar la detección oportuna de los problemas que se pueden presentar que afecten la calidad del producto o servicio. SPC es el Control Estadístico del Proceso, utiliza gráficos de control que permiten prevenir que se elaboren productos o servicios defectuosos., MSA es el Análisis de Sistemas de Medición, que nos permite tener una guía para evaluar la calidad de un sistema de medición en los procesos de elaboración de productos y servicios. y CP es el Plan de Control, un documento que nos permite enlistar las características de calidad del producto y su proceso de elaboración (ITESM, 2021).

El mapeo de procesos tiene como propósito identificar los procesos de negocio y cómo estos están operando actualmente. permite conocer qué actividades se tienen que realizar, en qué momento y quién en concreto debe hacerlas. Para representar los mapas de procesos se pueden utilizar diferentes tipos de diagramas y notaciones. Los procesos clave son los que ofrecen valor a los clientes (Softgrade, 2020).

La ayuda visual es una herramienta comunicativa que se enfoca en toda la información que genere valor agregado en un proceso. Para su implementación es obligatorio seguir un proceso sistemático se deben identificar los procesos a controlar, los indicadores a monitorear, identificar las no conformidades o fallas y quienes son los responsables (GEINFOR, 2020).

El proyecto se desarrolló en una empresa que ofrece servicios y soluciones de manufactura, dentro del área de calidad en la línea de producción de ensamble de válvulas. El objetivo es desarrollar Core Tools para cumplir con los protocolos de aprobación del cliente agilizando el tiempo de trabajo y reduciendo las fallas percatadas durante el proceso.

Para ello se diagnosticaron fallas potenciales, se realizaron auditorías internas en las áreas de producción, se controlaron fallas de diseño de los procesos y productos y se analizaron metodologías y controles actuales con el fin de encontrar áreas de oportunidad y mejora.

2. Desarrollo

2.1 Conocimiento de Workmanship

Se analizó el área de OBA (Ayuda en función de resultados) donde se realiza la última verificación de unidades, el operador tiene la tarea de inspeccionar pieza a pieza, verificando que cuente con los criterios correspondientes. Para llevar a cabo la inspección de la unidad es necesario contar con el documento BOM (Billete de materiales), que consta de diversos formatos como son: Check list, ERS, Liberación del primer artículo. Los aspectos para considerar en la verificación de piezas son: Color de válvula, Posición de válvula (Existen 18 Posiciones), Color de valve set, tapón, Malla, omega (Según petición de ERS).

Un sistema MES (por sus siglas en inglés Manufacturing Execution System) mejora la calidad del producto y el servicio al cliente, ya que permite una respuesta rápida ante imprevistos e incidencias mediante la obtención de información en tiempo real, objetiva e intuitiva. Para implementar un sistema MES en una empresa es necesario realizar un análisis previo del modelo productivo para detectar los puntos fuertes y débiles y establecer una estrategia de mejora adecuada (DOEET, 2021).

Se utilizó el sistema MES para la reducción de errores de producción como: reducción del tiempo de espera de la pieza, aumento de la productividad, mejora en el cumplimiento de la calidad, reducción de las pérdidas de calidad y aumento del rendimiento de producción.

2.2 Mapeo de proceso

Se visualizó la secuencia de actividades o etapas durante el proceso de manufactura de válvulas, para determinar si se cumplen los estándares de calidad en cada una de las áreas, además de conocer las entradas y salidas en cada una de las operaciones.

En este sentido, la empresa tiene una estructura orientada a procesos. El proceso se inicia con la requisición de material al área de almacén. Para poder ser ingresados a piso se requiere de su liberación, los cuales deban de cumplir con respecto a la lista de materiales requeridos en el BOM, y de acuerdo con el ERS que se maneje en su momento. La línea está conformada por:

> ➢ Bajo volumen (HV): Línea de producción semi automatizada, con 14 estaciones. (ERS 60016)
> ➢ Alto volumen (HMLV): Línea de producción automatizada, con 12 estaciones. (ERS 14616)

Las actividades que se realizaron fueron las siguientes:

- Mapeo de las estaciones presentes en la línea de producción.
- identificación y limitación de áreas presentes.
- Conocimiento de las operaciones.
- Conocimiento del material requerido en cada estación.
- Herramental necesario para desempeñar la operación.
- Diagrama de operaciones.

2.2. Auditoría de ayudas visuales

Se realizó un proceso de pruebas en cada una de las áreas para verificar que los requerimientos de calidad se cumplieran, en cuanto a funcionalidad, materiales, cumplimiento de estándares, equipo de protección personal, entre otros. Además de la realización del *layout* de ambas líneas. Los criterios para inspeccionar son los siguientes: Equipo de protección personal lo que incluye: bata, botas, lentes, tapones auditivos, Ayuda visual presente, Especificación de totes de material, Lugar limpio y ordenado y Limitación de área.

Plan de control

Se desarrolló un plan de control, donde se describe la forma escrita y resumida, los sistemas usados en el proceso de cada etapa de este y que incluye las inspecciones de recibos, las áreas de material en proceso y material en salida.

3. Resultados

3.1 Mapeo de proceso de línea de bajo volumen

Bajo volumen es una línea de producción, en ella se manufacturan diferentes modelos de válvulas, en el mapeo de procesos se muestra el flujo en las diversas estaciones (Fig. 5).

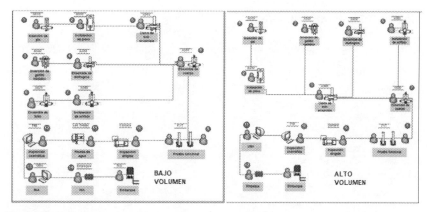

Fuente: Elaboración propia.

Fig. 5. Mapeo de procesos de línea

En la Fig. 6 se pueden observar las especificaciones de ensamble para algunas de las estaciones a modo de ilustración. Se realizó el mismo proceso con las 14 estaciones de la línea de bajo volumen y las 12 estaciones de alto volumen.

Fuente: Elaboración propia.

Fig. 6. Estaciones que forman parte de la línea de bajo volumen

3.2 Diagrama de operaciones

En la Fig. 7 se presenta un segmento del diagrama con el conteo total de operaciones de la línea en general y el tiempo en cada una de las estaciones.

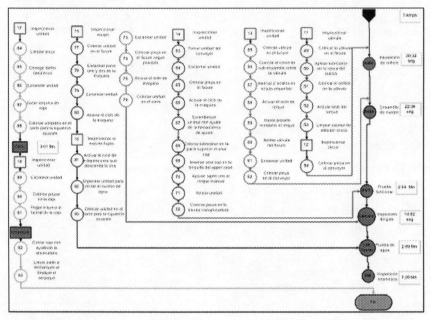

Fuente: Elaboración propia.

Fig. 7. Segmento del diagrama de operaciones de línea bajo volumen: 18 inspecciones y 93 operaciones con un tiempo por caja de 1:53 H

3.3 Auditoría de ayudas visuales

Se realizaron auditorías en las diferentes áreas de la línea B42R, bajo y alto volumen, para inspeccionar si cumplen con los estándares establecidos anticipados en la manufacturación de válvulas.

La distribución de planta de la línea de bajo volumen cuenta con 14 estaciones, procesos requeridos según ERS 60016 y la línea de alto volumen tiene 12 estaciones tomando como referencia al ERS 14616. En la línea de bajo volumen se observó, que era algo complicado y tardado transportar piezas de la operación 10 a 11 y posteriormente ser llevadas a la estación 12, para ello se realizó una propuesta de redistribución, para agilizar operaciones. La Fig. 8 muestra la distribución de la planta anterior y la actual.

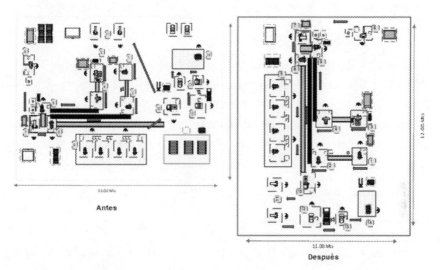

Fuente: Elaboración propia.

Fig. 8. Distribución de planta dentro de la línea de bajo volumen

Mediante el proceso de auditoría se determina la información de la tabla 5. De manera similar se realizó durante 10 días.

Tabla 5. Resultado de auditoría, día 1

Requerimientos		BAJO VOLUMEN								
		SEMANA 40								
		EPP				Material especificado	Material mezclado	Ayuda visual	Lugar de trabajo en orden	Limitación de área
	Estación	Bata	Lentes	Guantes	Botas	Tapones auditivos				
Día 1	Estación A010	✓	✓	✓	✓	X	✓	✓	X	X	✓
	Estación A030	✓	✓	✓	✓	X	✓	X	✓	✓	✓
	Estación A040	✓	✓	✓	✓	N/A	✓	X	✓	✓	✓
	Estación A050	✓	✓	✓	✓	X	✓	X	✓	✓	✓
	Estación A060	✓	✓	N/A	✓	X	✓	X	✓	✓	✓
	Estación A070	✓	✓	N/A	✓	N/A	✓	✓		✓	✓
	Estación A080	✓	✓	N/A	✓	✓	✓	✓	✓	✓	✓
	Estación A090	✓	✓	N/A	✓	✓	✓	X	✓	✓	✓
	FVT	✓	✓	✓	✓	X	✓	X	N/A	✓	✓
	Cámara	✓	✓	✓	✓	N/A	✓	✓	N/A	✓	✓
	Prueba	✓	✓	✓	✓	N/A	✓	✓	N/A	✓	✓
	FNI	✓	✓	✓	✓	N/A	✓	✓	✓	✓	✓
	OBA	✓	✓	✓	✓	N/A	X	X	✓	✓	✓
	Empaque	✓	✓	✓	✓	N/A	✓	X	N/A	✓	X

Al realizar el análisis de los criterios evaluados durante las 2 semanas establecidas de auditorías visuales, se determinó que la línea de bajo volumen se encontraba en un estado considerable y la línea de alto volumen se encontró en un estado aceptable, en la mayoría cumple con los requerimientos establecidos.

En la línea de bajo volumen las estaciones más críticas son: A010, A030 Y A070, esto debido a que no existe operador fijo dentro de cada estación. En la línea de alto volumen las estaciones más críticas son A030 y OBA, con motivo de no cumplir con un lugar limpio y libre de artículos personales en su área de trabajo y como punto por mejorar se recomienda el uso adecuado de equipo de protección personal.

3.4 Análisis de modo de falla

Se realizó en la línea de bajo volumen un análisis de modo de falla, para detectar todas las repercusiones presentes dentro del proceso, para posteriormente ser evaluadas y mediante el grado de RPN (Número de Prioridad de Riesgo), tomar acciones.

En la tabla 6 se visualiza el criterio de evaluación, en las estaciones con grado tipo neutral se llevaron a cabo acciones de alerta de proceso y lecciones de punto, y en las estaciones con grado tipo perjudicial se realizaron acciones correctivas para disminuir el grado de RPN.

Tabla 6. Criterios de evaluación

Evaluación de RPN			
Color	Criterio	Rango	Total
	Considerable	0 - 49	73
	Neutral	50-99	13
	Perjudicial	100-∞	15
Total de fallas			101

En la Fig. 9 se hace referencia a los incumplimientos percatados en la línea de bajo volumen durante el análisis de modos de falla, mediante grado neutral, las cuales están marcadas en color amarillo en rango de

50 a 99 puntos. En la tabla se muestran las acciones correctivas tomadas mediante el resultado de RPN, para ello se elaboraron alertas de proceso y lecciones de punto para controlar dichas fallas y de esta manera prestar la atención adecuada. Por ejemplo, en presencia de sellador como lección de punto se indica: Operador(a) colocar pegamento drip top alrededor del pipe plug. Técnico de calidad verificar que la unidad cuente con presencia de sellador.

Durante el análisis de modos de fallas en línea de producción se determinó que 73 fallas están en condición considerable, 13 de ellas se encuentran en estado neutral y 15 en situación perjudicial, por tal motivo se recomendaron acciones correctivas según el resultado de evaluación.

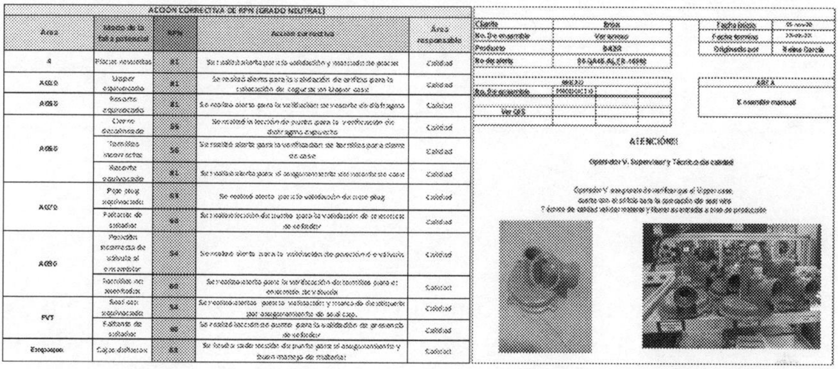

Fuente: Elaboración propia.

Fig. 9. Acciones correctivas de RPN y Alerta de proceso en línea de bajo volumen

En la tabla 7 se visualiza la primera parte y la estación A010 del plan de control para la línea bajo volumen, lo mismo se realizó con las 14 estaciones de la línea, cada una de ellas conlleva diversas herramientas o maquinaría para realizar la operación.

Tabla 7. Plan de control en la línea de producción.

PLAN DE CONTROL													
Línea: 842 Bajo volumen Planta: 6a				Denominación producto: Ensamble de válvulas Referencia/s:				Preparado por: Reina García Santiago Revisado por: Ing. Verónica Dizabeth Rivas Pérez Fecha: 12/noviembre/2018					
				Modelo: 842 R CRS 50016									
Número de estación	Nombre del proceso	Descripción de proceso	Máquina, dispositivo o herramientas para la manufactura	Característica Producto	Característica Proceso	Especificaciones/ tolerancia del proceso, producto	Técnica de evaluación, medición	Muestra Tamaño	Muestra Frecuencia	Método de control	Área responsable	Plan de reacción
1	Recepción de materiales	Proveer materiales	SAP, Información de ERS	N/A	Validación de materiales	Validación de material con la orden de compra	SAP, Orden de material	Todo	100%	Validación de orden de compra	Inventarios, Almacén	Notificar anomalías al jefe inmediato, Inspección del material
2	Almacenamiento	Almacenar componentes el material	SAP, Pallets, Montacargas	N/A	Inspección de materiales libre de daño económico	Inspeccionar materiales y dar entrada a sistema	SAP	Todo	100%	Instrucciones de trabajo	Inventarios, Almacén	Notificar anomalías al jefe inmediato, Inspección del material
3	Kitting	Proveer materiales	Tabla de material, Transpaleta eléctrica	N/A	Kit conforme lo acuerdo orden de trabajo	Validar cantidad con material/plan con el plan de producción	Plan de producción	Todo	100%	Inspección de materiales, Liberación de material	Inventarios, Materialistas	Regresar material, Notificar anomalías al jefe inmediato, Realizar paros, Control de producto
4	Impresión de placas	Elaborar placas	Emboza, Software SAP/SRO	Verificar que la información sea la requerida en el ERS	N/A	Validación del contenido presente en placa de acuerdo a ERS	Información de ERS	Todo	100%	Control de calidad, Mantenimiento a emboza	Ingeniería industrial, Manufactura, Calidad	Inspecciones material, Notificar anomalías al jefe inmediato, Separar material discrepante en los contenedores de MRB
A050	Inserción de pin	Ensamble de pin, resorte, disco de ventilación, y empaque a upper case	Software MES, Escáner, Rizore	Inspección geométrica de materiales y validar número de parte de acuerdo al CRS	N/A	Ensamble de acuerdo a información de CRS y requerimientos del cliente	Software MES, Información de ERS, Rizore visual	Todo	100%	Inspección del primer artículo, Instrucciones de trabajo, Pase en MES, ERS	Ingeniería industrial, Manufactura	Inspecciones material, Notificar anomalías al jefe inmediato, Separar material discrepante en los contenedores de MRB

4. Conclusiones

En el proceso desarrollado con válvulas de bajo y alto volumen, se realizó un análisis modo de falla evaluando mediante el grado de RPN, se encontraron 73 fallas en condición considerable, 13 en estado neutral y 15 en situación perjudicial, las estaciones más críticas en la línea de bajo volumen fueron A004, A010, A050 y A060 con un RPN de 81, de tal forma se realizaron acciones correctivas en A004 se realizó una alerta para la validación y marcado de placas ya que se detectó como falla que se encontraban revueltas; en A010 se realizó alerta para la colocación de seguros en *Upper Case* debido a que el *Upper* estaba equivocado; en A050 se realizó una alerta para la validación de resorte de diafragma esto porque la falla fue que el resorte era incorrecto; y en A060 se realizó una alerta para el aseguramiento del resorte de *Case*, también se elaboraron lecciones de punto para el control de las fallas.

De esta forma, se logró un 15% de mejora en la línea, gracias a las acciones correctivas desarrolladas, mejorando el nivel de resultados de los procesos de soporte y mejorando la calidad en el proceso de ensamble de las válvulas. Sin embargo, cada avance que se alcance permitirá obtener mejores resultados cada vez más óptimos.

5. Referencias

Curso Core Tools: AMFE, MSA, SPC, APQP, PPAP. (2018). Consultado el 20 de septiembre de 2018, obtenido de http://www.intertek.es/servicios/curso-core-tools-automocion/

DOEET. (2021). *SISTEMA MES. Control de producción.* Obtenido de https://doeet.es/digitalizacion-industrial/sistema-mes

Flores, B. G. (2013). *APLICACIÓN DE HERRAMIENTAS DE CALIDAD.* Consultado el 3 de Septiembre de 2018

Garcia Cajo, J. C. (2017). Consultado el 4 de Septiembre de 2018, obtenido de http://repositorio.usil.edu.pe/bitstream/USIL/2861/1/2017_Garcia_Aplicacion-de-herramientas-de-calidad.pdf

Garza, D. M. (1999). Consultado el 4 de Septiembre de 2018, obtenido de http://eprints.uanl.mx/7588/1/1020130053.PDF

GEINFOR. (2020). *¿Quieres mejorar el rendimiento de tu planta?* Obtenido de https://geinfor.com/business/que-es-andon-sistema-de-control-visual-de-produccion/

Gutiérrez Pulido, H. (2010). *Calidad Total y Productividad.* Ciudad de México: McGraw-Hill.

Herramientas de calidad. (2018). Consultado el 20 de Septiembre de 2018, obtenido de https://es.wikipedia.org/wiki/Siete_herramientas_b%C3%A1sicas_de_calidad

ITESM. (10 de 02 de 2021). *Core Tools: resuelve retos de control de procesos y lanzamientos en manufactura.* Obtenido de https://blog.maestriasydiplomados. tec.mx/core-tools-resuelve-procesos-y-lanzamientos-en-manufactura

Madrigal Maldonado, R. (2018). *Control Estadìstico de la calidad.* Patria educación.

Mesquita, L. L. (Noviembre de 2012). Consultado el 4 de Septiembre de 2018, obtenido de https://www.inti.gob.ar/incalin/pdf/tesis/ LigiaLobo.pdf

Neira, J. G. (2016). Consultado el 4 de Septiembre de 2018, obtenido de http://cybertesis.unmsm.edu.pe/bitstream/handle/cybertesis/5686/ Izaguirre_nj.pdf?sequence=1

Otero, F. V. (2015). Métodos Avanzados de Gestión de la Producción y de la Calidad Consultado el 3 de agosto de 2018.

Pacheco, C. R. (2011). Cosultado el 3 de Agosto de 2018, obtenido de https:// docplayer.es/39778463-Universidad-tecnologica-de-queretaro.html

Querales, A. L. (2006). Cosultado el 3 de Septiembre de 2018, obtenido de https://docplayer.es/14227250-Universidad-simon-bolivar-coordinación-de-ingenieria-de-produccion-pasaje-del-sistema-de-calidad-iso-9001-2000-hacia-el-sistema-iso-ts-16949-2002.html

Softgrade. (2020). *¿Qué es el mapeo de procesos?* Obtenido de https:// softgrade.mx/mapeo-de-procesos/

CAPÍTULO 4

E-COMMERCE COMO UNA ALTERNATIVA PARA LA PROMOCIÓN Y VENTA DE ARTESANÍAS: DESARROLLO DE UNA APLICACIÓN

Ana Laura Nieto Rosales[1*], Graciela Santos Martinez[1], Julio Cesar Rojas Nando[1], Francisco Javier Espinoza Reyes[2]

[1] ITSAO-CA-1- TRANSFERENCIA DE TECNOLOGÍA APLICADA A LA RESOLUCIÓN DE PROBLEMAS

Tecnológico Nacional de México/Instituto Tecnológico Superior de Acatlán de Osorio

[2]INGENIERÍA INDUSTRIAL – Tecnológico Nacional de México/ Instituto Tecnológico Superior de la Sierra Negra de Ajalpan

[*]analaura.nieto.r@gmail.com

Resumen

Esta investigación consiste en el desarrollo de una aplicación Web como propuesta de alternativa para la promoción y difusión de piezas de artesanías de barro elaboradas en la región mixteca, esta etapa corresponde a la segunda fase de desarrollo del proyecto "Reactivación de talleres artesanías de barro de la región de Acatlán de Osorio por medio del uso de las TIC´s" esto nace de una necesidad vinculada con el sector productivo de artesanos del municipio de Acatlán, con el fin de brindar un mejor control en el proceso de venta y promoción de sus productos en línea.

En este artículo se presentan los resultados de una investigación llevada a cabo con un grupo de artesanos para el desarrollo de un software a la medida, el cual permita tener las bases para que los futuros desarrollos de software enfocados en la administración y control de los procesos del grupo NODESS Sociedad "Artesanal de la Mixteca".

Palabras clave: Punto de venta, Solicitud de pedido, Aplicación Web, Comercio electrónico.

Abstract

This research consists of the development of a Web application as an alternative proposal for the promotion and dissemination of clay handicraft pieces made in the Mixtec region, this stage corresponds to the second phase of development of the project "Reactivation of clay handicraft workshops of the Acatlán de Osorio region through the use of ICTs" this arises from a need linked to the productive sector of artisans in the municipality of Acatlán, in order to provide better control in the process of sale and promotion of your products online.

This article presents the results of an investigation carried out with a group of artisans for the development of custom software, which allows having the basis for future software developments focused on the administration and control of processes of the group NODESS Sociedad "Artesanal de la Mixteca".

Key words: Point of sale, Order request, Web application, E-commerce

Introducción

El crecimiento del comercio electrónico en México se ha estado desarrollando de manera imparable en los últimos años. Por ejemplo, a raíz de la pandemia por el coronavirus, dos de cada diez empresas e-commerce tuvieron una expansión de más del 300% en 2020, marcando así una diferencia extraordinaria respecto al 2019, así lo indica el estudio Impacto COVID-19 en Venta Online México (Reporte 4.0 de AMVO) sobre el crecimiento del comercio electrónico en México en 2020 (OCHOA, 2021).

El presente proyecto consiste en el desarrollo de una aplicación orientada al comercio electrónico, vinculando al sector productivo representado por un grupo de artesanos de la región Mixteca, el cual consiste en proponer el desarrollo de una aplicación Web que permita reactivar los talleres artesanos que producen piezas de barro en el municipio de Acatlán de Osorio, la cual sentará las bases para la venta de piezas de artesanías de los artesanos de la región mixteca, con el fin de activar la economía de los artesanos.

Con la comercialización nacional e internacional de piezas de arte se pretende rescatar tradición e historia de los procesos y técnicas utilizadas en los talleres de la región. La elaboración de este arte popular, todavía tiene un papel importante en la economía del municipio de Acatlán, y la producción de la cerámica en general sigue siendo importante para la cultura y preservar una tradición.

El presente trabajo, muestra la segunda fase del proyecto "Reactivación de talleres artesanías de barro de la región de Acatlán de Osorio por medio del uso de las TIC´s", en esta etapa se desarrolló una aplicación Web, el cual es un sistema diseñado para automatizar los procesos básicos administrativos para difusión, promoción y levantamiento de un pedido de artesanías de barro. Dentro de los beneficios que se obtienen al implementar este tipo de tecnologías, es el aumento en la eficiencia de los procesos de cada uno de los productores que forma al grupo de artesanos del grupo NODESS Sociedad "Artesanal de la Mixteca", así como en la disminución de costos y una mayor cobertura del mercado nacional e internacional.

1. Desarrollo

En 2020 el comercio electrónico en el país representó 316 mil millones de pesos en ventas, de acuerdo con la Asociación Mexicana de Venta Online (AMVO), ello significó un aumento de 81 por ciento, en comparación con los resultados de 2019 (Milenio 2021).

Es por ello que se desarrolló una aplicación Web, como estrategia para comercializar por internet (comercio electrónico) piezas fabricada por los artesanos de la mixteca. Para el análisis, desarrollo y construcción de dicha aplicación se utilizó una metodología que enmarca el proceso y el ciclo de vida de un proyecto de software.

De acuerdo a (Letelier & Penades, 2006), en un proceso de software existen numerosas propuestas metodológicas que inciden en distintas dimensiones del transcurso de desarrollo. La metodología utilizada para el desarrollo de este proyecto es un modelo de desarrollo de software, el cual está basado en la metodología Programación Extrema o XP por sus siglas en inglés, la cual es una metodología catalogada como ágil y flexible utilizada para la gestión de proyectos pequeños y susceptibles a cambios constantes (BAHIT, 2011).

Esta metodología pone el énfasis en la retroalimentación continua entre cliente y el equipo de desarrollo y es idónea para proyectos con requisitos imprecisos y muy cambiantes. De las fases que la metodología enmarca, se utilizaron los siguientes, como parte de la primera fase de entrega y desarrollo del proyecto (Fig.10).

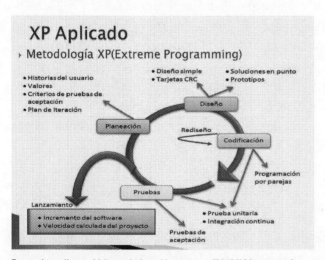

Fuente: https://manualdelgamedesigner.blogspot.com/2015/05/programacion-extrema-xp.html

Fig. 10. Metodología XP

De acuerdo con esta metodología en la fase de Planeación, se realizaron las siguientes tareas: entrevistas con los usuarios (historias de usuario), para identificar persona, necesidad y propósito con el propósito con el fin de articular cómo proporcionará una función de software valor al cliente.

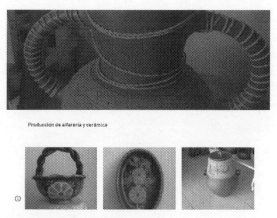

Fuente: Elaboración propia.

Fig. 11. Propuesta de interfaz a usuario

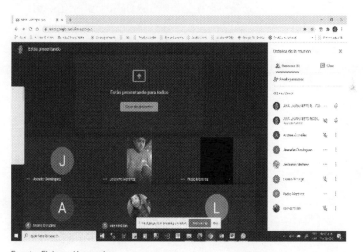

Fuente: Elaboración propia.

Fig. 12. Entrevista a usuario

Para la fase de Diseño, las tareas fueron la elaboración del modelado del sistema, teniendo como resultado el diagrama de clases y un prototipo de las interfaces de la aplicación así como del diseño de la base de datos.

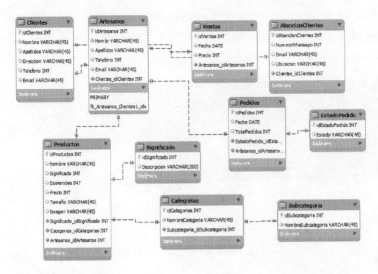

Fuente: Elaboración propia.

Fig. 13. Base de datos

Codificación: en esta fase se programó cada uno de los módulos de la aplicación, así como las pruebas unitarias y de integración; para la fase de pruebas, el usuario con la ayuda de los desarrolladores propone sus propias pruebas para validar y aceptar la mini versión del proyecto.

7. Resultados

Como resultado, se tiene una aplicación Web en el que se muestra en la página principal la misión y visión del grupo de artesanos, como se muestra en la Fig. 14.

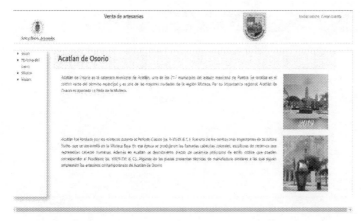

Fuente: Elaboración propia.

Fig. 14. Página principal de la aplicación Web

Así mismo se diseñó un apartado dónde se puede visualizar un catálogo de los productos que ofertan los artesanos, dicho apartado está integrado por una descripción del producto, el nombre del artesano autor de la pieza y las características físicas de la misma.

Fuente: Elaboración propia.

Fig. 15. Catálogo de productos

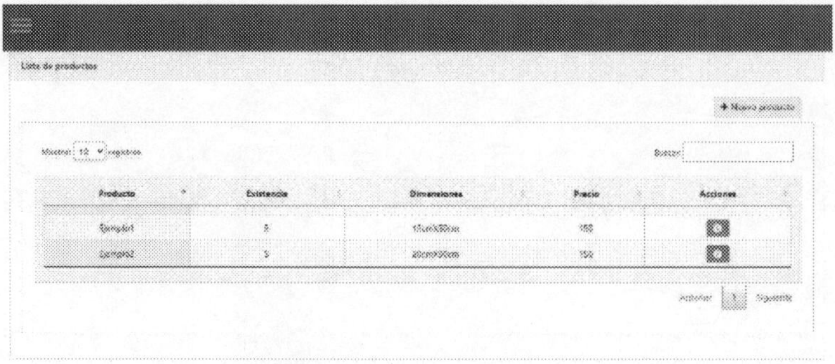

Fuente: Elaboración propia.

Fig. 16. Lista de productos

8. Conclusiones

La Gestión de las exigencias y requisitos de los clientes requiere que las organizaciones se soporten en herramientas software, las cuales pueden ser adquiridas o desarrolladas a medida. En ese sentido, el desarrollo de software se constituye como parte importante del capital mundial, debido a que permite la evolución de las empresas y la administración del conocimiento (Ordoñez, Escobar, Velandia y Cobos,2015).

El desarrollo de software enfocado a la resolución de una problemática y con un enfoque de al comercio electrónico, se considera como una herramienta importante para el rescate de la economía, es por ello la importancia de poder contribuir con trabajos que permitan a los artesanos acercar sus productos y posicionarlos en el mercado nacional e internacional.

Dentro de los puntos que consideramos que tiene más importancia dentro de un proyecto de esta naturaleza son el detectar cuáles son las necesidades reales de los usuarios, por lo que las historias de usuario es una tarea importante para poder garantizar una aplicación útil.

También consideramos que es importante el desarrollo de estrategias y la aplicación de herramientas de E-commerce para el mejoramiento interno y externo de la empresa, razón por la cual se ha determinado implementar lo siguiente: actualizar la información publicada en la aplicación, así como de los catálogos de los productos promocionados, así como del perfil de los integrantes de grupo o sociedad de artesanos, también se sugiere invitar a más artesanos para poder ampliar el catálogo de productos.

La fase tres que complementa a todo el proyecto consiste en realizar las pruebas de implementación y alojamiento de la aplicación en un Hosting público para que así podamos terminar con dicho proceso y concluir el proyecto.

9. Referencias

* BAHIT, E. (2011). Introducción a la Programación eXtrema. En safe-Creative, Scrum y eXtreme Programming para Programadores (pp. 70-71). Buenos Aires, Argentina: e-Creative.

* Luján-Mora, S. (2002). Programación de aplicaciones web: historia, principios básicos y clientes web. Editorial Club Universitario.

* OCHOA, C. (2021). Comercio electrónico en México creció 81% en 2020. MILENIO. Consultado el 6 de junio de 2021 en https://www.milenio.com/negocios/comercio-electronico-mexico-crecio-81-2020

* Ordoñez, H., Escobar, A., Velandia, D. y Cobos, C. (2015). Business Processes as a Strategy to Improve Requirements Elicitation in Extreme Programming (XP). Memorias del VII Congreso Iberoamericano de Telemática. Recuperado de: https://www.researchgate.net/profile/Carlos-Cobos-5/publication/279929561_Business_Processes_as_a_Strategy_to_Improve_Re-quirements_Elicitation_in_Extreme_Programming/links/5678dea008aebcdda0ebebb6/

Business-Processes-as-a-Strategy-to-Improve-Re-quirements-Elicitation-in-Extreme-Programming.pdf

- S. G. Rivadeneira, "Metodologías ágiles enfocadas al modelado de requerimientos," Unidad Académica Rio Turbio – Universidad Nacional de la Patagonia Austral, Argentina, May. 2012.

- Malca, O. (2001). El marketing en el comercio electrónico (pp. 86-88). Comercio electrónico. 1a. Edición: 2001. Universidad del Pacífico Avenida Salaverry, Lima, Perú

CAPÍTULO 5

ANÁLISIS DEL IMPACTO SOCIOECONÓMICO EN TIEMPOS DE PANDEMIA EN EL MUNICIPIO DE AJALPAN

Julio Cesar Cruz Trujillo[1], Beatriz Araceli Arellano Hernández[1],*
Diana Leticia Campos Daniel[2], Adalit Arias Aragón [3]

[1]ITSSNA-CA-1-TECNOLOGÍA Y AUTOMATIZACIÓN DE PROCESOS

Tecnológico Nacional de México/Instituto Tecnológico
Superior de la Sierra Negra de Ajalpan

[2]LIC. EN CONTADURÍA PÚBLICA

Benemérita Universidad Autónoma de Puebla

[3]INGENIERÍA EN GESTIÓN EMPRESARIAL

Tecnológico Nacional de México/Instituto
Tecnológico Superior de Acatlán de Osorio

prof_juliocesarcruztrujillo@ajalpan.tecnm.mx

Resumen

Se analizó el impacto socioeconómico de la pandemia en el Municipio de Ajalpan, Puebla mediante una investigación documental y de campo por medio de metodología cuantitativa en la que mediante la utilización de estadísticas permitió analizar cuáles son aquellos problemas socioeconómicos de Ajalpan. Con preguntas de investigación que ayudaron a ampliar la información general y específica, se elaboraron gráficas de pastel para comprender el impacto que ha tenido en la población la pandemia, los efectos en los aspectos sociales y económicos de la Ciudad de Ajalpan, Puebla. Los resultados muestran que los sectores con más detrimentos por el virus en Ajalpan son el comercio debido a las medidas de contingencia adoptadas y la industria textil que ocupa el primer lugar como generador de empleos en la Ciudad de Ajalpan, fue una de las más afectadas por el aislamiento debido a que no se pueden tener aglomeraciones de personas en un solo lugar. Igualmente, el área de la educación sufrió las consecuencias en todo el mundo debido a la pandemia y el Municipio de Ajalpan y su región no fue la excepción debido a que en algunos lugares hay problemas con la comunicación.

Palabras clave: Covid 19, Pandemia

Abstract

The socioeconomic impact of the pandemic in the Municipality of Ajalpan, Puebla was analyzed through documentary and field research through quantitative methodology in which, through the use of statistics, it was possible to analyze and recognize the socioeconomic problems of Ajalpan. The question pool was created to help expand the general and specific information, as well as pie charts, which were elaborated to understand the impact that the pandemic has had on the population, the effects on the social and economic aspects in the City of Ajalpan, Puebla. The results showed that throughout the City of Ajalpan, one of the most affected sectors because of the virus is commerce and trading due to the contingency measures adopted by different levels of government; it has caused that a great number of businesses have had to close. On the other hand, it is shown that the textile industry occupies the first place as a generator of jobs in the City of Ajalpan, that is why it has been one of the most affected sector by isolation, since it is not possible to stand crowded places nowadays. Furthermore, people no longer have a source of income to support their homes, which led most of them to emigrate to their hometowns. With regard to education area, it has been one of the most affected in the entire world due to the pandemic and of course, the Municipality of Ajalpan and its region was not the exception have been greatly affected because in remote places that have had serious problems with energy and communication.

Key words: Covid 19, Pandemia

1. Introducción

El impacto de la pandemia en el ámbito socioeconómico en la ciudad de Ajalpan ha sido muy significativo, la magnitud y características de dicho impacto pueden identificarse desde el inicio de la pandemia dado que el sector económico se redujo tanto en industrias textiles como en comercio interior y exterior, aumento el desempleo y con ello las familias de Ajalpan tuvieron que cambiar hábitos de compra y consumo para adaptarse.

La enfermedad forma parte de la historia de la humanidad de manera intrínseca, en la actualidad estamos sufriendo el coronavirus, pero desde que el ser humano empezó a organizarse en sociedad y a crear núcleos de personas que convivían juntos en un mismo espacio territorial, las enfermedades contagiosas tomaron un especial protagonismo.

A medida que la población mundial fue creciendo, cuando una enfermedad se extendía y afectaba a varias regiones del planeta, convirtiéndose en una amenaza para la población, se empezaron a documentar las primeras pandemias. Estas pandemias en ocasiones trasformaron las sociedades en las que aparecieron y, muy probablemente, han cambiado o influido decisivamente en el curso de la historia.

La Peste Negra

La peste negra era ya –y sigue siendo, pues hay brotes activos en la actualidad- una vieja conocida cuando la humanidad vivió el peor brote de esta enfermedad a mediados del siglo XIV (entre 1346 y 1353). Sin embargo, se ignoraba por completo tanto sus causas como su tratamiento. Esto, junto con la gran velocidad de propagación, la convirtió en una de las mayores pandemias de la historia.

Hasta cinco siglos más tarde no se descubrió su origen animal, en este caso las ratas, que durante la Edad Media convivían en las grandes ciudades con las personas e incluso se desplazaban en los mismos transportes –barcos, por ejemplo- hacia ciudades lejanas, portando el virus consigo. Los números que dejó tras de sí esta epidemia son estremecedores. Por ejemplo, según los datos que manejan los historiadores, la península Ibérica habría perdido entre el 60 y 65% de la población, y en la región italiana de la Toscana entre el 50 y el 60%. La población europea pasó de 80 a 30 millones de personas.

Covid-19

La actual pandemia de Covid-19, producida por una cepa mutante de coronavirus el SARS-CoV-2, ha generado en todo el mundo, en el siglo 21, una severa crisis económica, social y de salud, nunca antes vista. Se inició en China a fines de diciembre 2019, en la provincia de Hubei (cuidad Wuhan) donde se reportó un grupo de 27 casos de neumonía de etiología desconocida, con siete pacientes graves.

El primer caso fue descrito el 8 de diciembre 2019 1, el 7 de enero 2020 el Ministerio de sanidad de China identifica un nuevo coronavirus (nCoV) como posible etiología, para el 24 enero en China se habían reportado 835 casos (534 de Hubei) y con el correr de las semanas se extendió a otras partes de China.

El 13 de enero se reportó el primer caso en Tailandia, el 19 de enero en Corea del Sur, y luego en numerosos países de mundo, debido a lo cual la Organización Mundial de la Salud, declara desde marzo 2020 como una nueva pandemia mundial. En China todavía no se conoce el origen del virus, aunque se atribuye al pangolín, mamífero usado como alimento.

El virus SARS-CoV-2 es muy contagioso y se transmite rápidamente de persona a persona a través de la tos o secreciones respiratorias, y por contactos cercanos; las gotas respiratorias de más de cinco micras, son capaces de transmitirse a una distancia de hasta dos metros, y las manos o los fómites contaminados con estás secreciones seguido del contacto con la mucosa de la boca, nariz u ojos.

Debido a que no hubo un aislamiento social a tiempo en China y luego en Italia y España, la enfermedad se esparció rápidamente a muchos países porque es muy contagiosa. Este nuevo virus tiene predilección por el árbol respiratorio, una vez que penetra genera una respuesta inmune anormal de tipo inflamatorio con incremento de citoquinas, lo que agrava al paciente y causa daño multiorgánico.

Es de la familia de los viejos virus coronavirus, dos de cuyas cepas antiguas causan la gripe común, pero en el 2003 surgió la primera mutación, el SARS que se inició en China, con más de 8 460 pacientes en 27 países y una letalidad de 10% 8, y luego en el año 2012 apareció otra cepa mutante de coronavirus en Arabia Saudita, el MERS-CoV, con más de 2499 enfermos y una letalidad del 37%.

El nuevo virus SARS-Cov2, ha causado una severa pandemia a nivel mundial, desatando pánico y alarma universal, ha generado colapso del sistema sanitario en muchas regiones del planeta, por ser muy contagioso, causando miles de muertes especialmente en adultos mayores con comorbilidades como diabetes mellitus o hipertensión arterial. De los órganos, el sistema respiratorio es el más afectado, pero puede afectar a cualquier órgano del ser humano.

Hasta la fecha no existe terapia específica ni vacuna. La mejor forma de prevenirlo es con la cuarentena, higiene con frecuente lavado de manos y la aplicación del distanciamiento social.

2. Desarrollo

Entramos en cuarentena en marzo 2020, la visualización presenta el aumento de los contagios diarios por COVID-19 en Ajalpan. Esta ciudad es uno de los 427 municipios más pobres y marginados de México. Ubicado a tres horas y media de la capital poblana, registra 45 casos positivos de COVID y 19 defunciones oficiales. sin embargo, tiene una tasa de letalidad del 42%, mientras que el promedio nacional es del 10%. Los habitantes de este municipio aseguran que, por el desabasto de medicamentos y la falta de personal médico en el centro de salud regional, se requiere viajar a otro municipio para atender a un paciente con sospecha de COVID. La ciudad está sufriendo consecuencias de la crisis pandémica por el COVID-19, esta es una enfermedad que ha impactado de muchas maneras a la población de Ajalpan Puebla, la economía de la ciudad de Ajalpan tras haberse dictaminado las medidas sanitarias ante los fuertes contagios del covid-19, se vio muy afectado.

Después de que se cerraron varios establecimientos, pymes, mercados, sectores de educación y la principal fuente de trabajo que es la industria textil, tuvieron que hacer recorte de personal para que se lleven las medidas sanitarias adecuadas.

Si bien, estas son la mayor fuente de trabajo para las familias del municipio; debido a la pandemia estas se vieron con la obligación de parar con su producción, el cual afecto a los ingresos de muchas familias.

METODOLOGÍA

Se optó por utilizar el método cuantitativo ya que para poder representar mejor resultado para el análisis se procede mediante la utilización de estadísticas, analizar cuáles son aquellos problemas socioeconómicos de Ajalpan, por otra parte, en cuanto son las medidas de salud y los determinantes sociales que se han tomado por los habitantes del municipio.

El método cualitativo que se encargaría de los resultados que nos arrojaría dicha investigación también se enfoca en todos aquellos aspectos que no pueden ser cuantificados, es decir, observaciones que la misma población nos dirá desde su punto de vista sobre su experiencia vivida en esta pandemia.

Del Problema

En la actualidad la pandemia está teniendo estragos amargos tanto en el mundo como en México, ha afectado en todos los ámbitos. En el municipio de Ajalpan están sufriendo consecuencias de la crisis pandémica por el COVID-19, este ha impactado de muchas maneras como en el ámbito social y económico.

Si bien, estas son la mayor fuente de trabajo para las familias del municipio; debido a la pandemia estas se vieron con la obligación de parar con su producción, el cual afecto a los ingresos de muchas familias y se volvió difícil tener un buen estilo de vida o al menos normal, estudiantes que ante la situación tuvieron que dejar estudios para poder trabajar y ayudar económicamente a su familia, lo que llevó a muchos a emprender y crear alguna forma útil de ganar dinero y de solventar gastos de salud por COVID-19.

De los Campos de Acción

La presente investigación se enfocará en la crisis socioeconómica que está viviendo la cuidad de Ajalpan debido a los cambios que hemos estado viendo a causa de la pandemia (Covid-19).

El siguiente trabajo nos permitirá mostrar los cambios que ha sufrido el sector económico de la población, así mismo profundizar sobre el tema acercándonos a la población con diferentes métodos de investigación para obtener información verídica.

Limitaciones

- Las estrategias creadas en este proyecto se aplicarán solo en la cuidad de Ajalpan Puebla.
- El poco período de tiempo que tenemos para recolectar la información necesaria.
- No podemos salir a la calle a encuestar a las personas de dicha ciudad para obtener la información.
- Poca población cuenta con Internet para contestar las encuestas virtuales que planteamos hacer.
- Poca disponibilidad de la población para tomar en serio nuestro proyecto.

3. Resultados

De acuerdo al análisis que se realizó en la ciudad de Ajalpan a través de diversas encuestas digitales se estima contar con datos estadísticos reales sobre los efectos anteriores y actuales de la pandemia, así mismo concientizar a la comunidad y esta cumpla con todas las medidas sanitarias parar así reducir los contagios con el propósito de conocer a profundidad las actividades económicas que realizan tanto las familias como las empresas para activar su economía y mantearse estables económicamente.

Respecto al impacto de la pandemia en el ámbito socioeconómico en la ciudad de Ajalpan ha sido muy significativo, la magnitud puede identificarse como una situación complicada dado que el sector económico se redujo tanto en industrias textiles como en comercio interior y exterior, aumento el desempleo con ello las familias de Ajalpan tuvieron que cambiar hábitos de compra para el consumo y adaptarse. Con el fin de lograr objetivos planteados de acuerdo con la información obtenida mediante la elaboración de la encuesta, que se realizó una serie de preguntas dirigidas a la población de la Ciudad de Ajalpan tomando en cuenta un rango de edad entre 18 a 60 años de edad Una vez, llevado a cabo las encuestas de un aproximado de 100 encuestados los datos fueron procesados mediante una tabulación, revisando cada una las encuestas y procediendo a ubicar los datos obtenidos mediante gráficos estadísticos.

A mayor parte de los encuestados estudian algún nivel educativo, de igual manera, se percibió que los que estudian casi la mitad no entienden al plan de estudio virtual que se imparte hoy en día. Así también algo interesante que se logró observar en los resultados es que se siente neutral con las plataformas con las que se imparten las clases, sin duda alguna percibimos que la pandemia afecto mucho al aprendizaje; no se aprende lo mismo en manera presencial que en lo virtual.

Sin embargo, la gran mayoría de los encuestados no dejaron sus estudios, aunque, una gran parte si tuvieron que dejarlo por la falta de dinero que se vive hoy en día por la pandemia.

Cabe mencionar que algunos no dejaron el estudio a un lado por la situación de la pandemia, no los detuvo, por ello buscaron la forma de seguir adelante para sostener sus gastos, como emprender sus propios negocios o buscar un empleo que los ayudara a sobrellevar esta pandemia. Lo cual también implico que varios integrantes de la familia buscaran trabajo para sustentar los gastos de la familia, ya que con el sueldo del integrante que trabajaba no bastaba o se quedaron sin empleo por las medidas implementadas por las empresas o el cierre de estas.

La mayoría de los encuestados sufrieron cambios importantes en sus hábitos, costumbres y en su estilo de vida, algunos no les peso tanto la situación de la pandemia.

Hoy en día es muy importante tomar las medidas necesarias para no contagiarse de COVID-19, por lo cual es indispensable ser responsable con estas medidas sanitarias para no contagiar a otras personas, a comparación de lo que respondieron los encuestados, la mayoría dijo que nadie tiene esa responsabilidad, aunque otras personas dicen que solo algunos.

Como en otros estudios realizados en diferentes ciudades del país, aquí en la ciudad de Ajalpan; también se presentaron cambios emocionales a raíz de la pandemia en su gran mayoría ansiedad o estrés, ya sea por los cambios drásticos en nuestra vida diaria vino a modificar y sin estar esperándolo.

Para regresar a la vida diaria antes de la pandemia a lo acostumbrado, se sabe que es difícil, por lo cual, la gran mayoría de los encuestados sienten miedo e inseguridad, ya sea por salir de casa o hacer sus actividades en espacios públicos y a regresar a su trabajo o estudio de manera presencial.

Delimitación

El Municipio de Ajalpan es uno de los 217 municipios que conforman al estado mexicano de Puebla. Su cabecera municipal es la Ciudad de

Ajalpan. Se ubica a unos 140 kilómetros de la capital del estado, en el extremo sureste del territorio estatal.

El gobierno del municipio de Ajalpan le corresponde al Ayuntamiento que tiene su sede en la cabecera municipal, la Ciudad de Ajalpan.

Todos son electos mediante el voto universal, directo y secreto en un proceso electoral celebrado el primer domingo de julio del año de la elección y que asumen sus cargos el 15 de febrero del siguiente año, por un periodo de tres años que no son reelegibles para el inmediato, pero si de forma alternada.

Este es un distrito difícil dijo la legisladora, "aquí están asentados los municipios de Tlacotepec de Porfirio Díaz, Eloxochitlán, Coyomeapan y Zoquitlan, por eso es necesario que en este proceso político el pueblo decida y encuentre verdaderos representantes que impulsen la educación, salud y el progreso de esos lugares".

Por las condiciones que se tienen en esta región de la sierra negra, indicó que se debe cambiar el modelo económico y político que los ha sumido en la pobreza y el atraso, porque a pesar de los programas que se han aplicado, en esta zona no hay avances.

Por otro lado, el homicidio y el secuestro son parte de los delitos mejor homologados en los Códigos Penales de los estados, por lo que su medición a nivel nacional es más sencilla. Es importante destacar que, durante 2020, el índice de inseguridad en Puebla, a nivel general, descendió un 16.9 por ciento respecto al 2019, pues el año pasado se registraron 63 mil 587 delitos del fuero común, mientras que en 2019 fueron 76 mil 557.

Aunque las cifras parecen alentadoras, es importante destacar que durante diez meses del 2020 la entidad estuvo en emergencia sanitaria, y que la tendencia en descenso se registró durante los primeros ocho meses de pandemia por COVID-19 (de marzo a octubre), pero en noviembre y diciembre hubo un aumento en los delitos del fuero común. En los municipios más marginados del país, el impacto del COVID-19 ha sido más mortífero. Quienes se enferman en esas comunidades tienen más probabilidades de fallecer. En dos municipios en Puebla se mueren tres veces más que el promedio a nivel nacional. Ajalpan es uno de los 427 municipios más pobres y marginados de México ubicado a tres horas y media de la capital poblana, registra 45 casos positivos de COVID-19 y 19 defunciones oficiales. Sin embargo, tiene una tasa de letalidad del 42 por ciento, mientras que el promedio nacional es del 10 por ciento ocho familiares que atendían un negocio en el mercado municipal se contagiaron de COVID-19 hace dos meses. Todos fueron hospitalizados, cuatro fallecieron.

El municipio aseguró que uno de los problemas más frecuentes que se presenta durante la muerte de personas es el desabasto de medicamento y la falta de personal médico hablando del tema de la salud. La mayoría de las personas que se encuentran en el municipio y llevaban a cabo el comercio tuvieron que ser cerrados ya que todo fue derivado a la pandemia

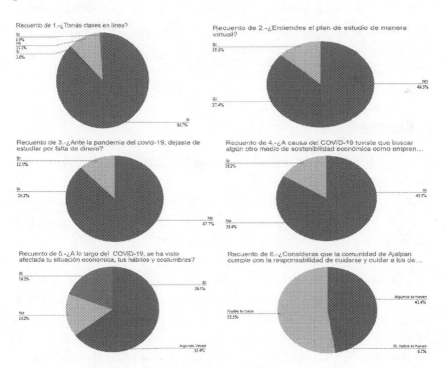

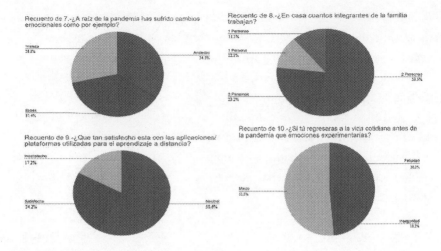

Fuente: Elaboración propia.

Fig. 17 Gráficas

Sin embargo, no todos los comercios se encuentran cerrados solo es el 30% los cuales mencionan que son los que por ahora son importantes, muchas personas optaron por tener sus tiendas online solo una parte del municipio ya que la otra parte no cuenta con conocimiento necesario para crear páginas web y optan por tenerlas en sus propios hogares.

4. Conclusiones

Como conclusión, a lo largo de esta pandemia nos hemos dado cuenta en las consecuencias que nos ha traído este aislamiento con todo mundo, la cuidad de Ajalpan es uno de los tantos lugares afectados por el virus debido a que gran parte del comercio se detuvo a medida que los locatarios tuvieron que cerrar sus negocios.

En la ciudad de Ajalpan la industria textil ocupa el primer lugar como generador de empleos, es por ello que fue una de las más afectadas por el aislamiento debido a que no se pueden tener aglomeraciones de personas en un solo lugar, así mismo las personas ya no tenían una fuente de ingreso para sus hogares lo que a la mayoría los orillo a emigrar a su lugar de origen.

Sin embargo, en el área de la educación fue una de las más afectadas en todo el mundo debido a la pandemia, Ajalpan y su región fue muy afectada debido a que en lugares muy remotos tuvieron graves problemas con la comunicación ya que en gran parte no hay señal de teléfono.

5. Referencias

Huguet Pané, G., (2020) grandes pandemias de la historia https://historia.nationalgeographic.com.es/a/grandes-pandemias-historia_15178

López de Rivera, L., (2020) COVID-19 golpea a Ajalpan y Tlachichuca, los dos municipios más marginados de Puebla https://noticieros.televisa.com/ultimas-noticias/covid-19-golpea-a-ajalpan-y-tlachichuca-los-dos-municipios-mas-marginados-de-puebla/

Maguiña Vargas, C., Gastelo Acosta, R. y Tequen Bernilla, A., El nuevo Coronavirus y la pandemia del Covid-19 http://www.scielo.org.pe/scielo.php?script=sci_arttext&pid=S1018-130X2020000200125

Solano Mora, A., Solano Castillo, A. y Gamboa Ellis, G., (2020) SARS-CoV-2: la nueva pandemia https://www.medigraphic.com/pdfs/sinergia/rms-2020/rms207k.pdf

CAPÍTULO 6

ÓRTESIS DINÁMICA PARA LA FLEXIÓN DE MUÑECA CON DOBLADO REVERSO DE NUDILLOS PARA LA REHABILITACIÓN DE PERSONAS CON PROBLEMAS MOTRICES EN LOS DEDOS DE LA MANO

Juan Carlos Vásquez Jiménez[1*], Asunción Adriana Arango Perdomo[1],
Felipe Ernesto Orozco Contreras[1], María de Jesús Oregán Silva[1]

[1]ITTEH-CA-SISTEMAS DE MANUFACTURA

Tecnológico Nacional de México / Instituto Tecnológico de Tehuacán

*jcvazquezj@hotmail.com

Resumen

El presente proyecto es el diseño, manufactura y control de una de órtesis dinámica para la flexión de muñeca con doblado reverso de nudillos para la rehabilitación de personas con problemas motrices en los dedos de la mano, donde se logre recrear el movimiento de los cincos dedos por medio de un mecanismo, a través de servos que moverán los dedos de la mano independiente mente tratando lograr una rehabilitación en la mano con problemas de motriz. Se consideran las medidas de la mano contempladas dentro con la Norma DIN 33 402, con el fin de diseñar un exoesqueleto tipo guante el cual estará constituido por varios mecanismos de plancha para el movimiento de cada uno de los dedos independiente. El proceso para la fabricación de las partes necesarias para la órtesis será mediante manufactura aditiva utilizando material plástico y liviano. La órtesis es capaz de emular el movimiento de los dedos de la mano mediante el accionamiento de servomotores con un controlador, donde se memorizarán ejercicios recomendados para la rehabilitación de personas con daños motrices en la mano. La finalidad de este prototipo de ortesis es minimizar al máximo los costos, logrando una economía de bajo presupuesto para accesibilidad al público, obteniendo los materiales de fácil acceso y bajo costo.

Palabras clave: ortesis, exoesqueleto, manufactura aditiva, control.

Abstract

The present project is the design, manufacture, and control of a dynamic orthosis for wrist flexion with reverse bending of the knuckles for the rehabilitation of people with motor problems in the fingers of the hand, where it is possible to recreate the movement of the five fingers Through a mechanism, through servos that will move the fingers of the hand independently trying to achieve a rehabilitation in the hand with motor problems. The measurements of the hand contemplated within the DIN 33 402 standard are considered, to design a glove-type exoskeleton which will be made up of several plate mechanisms for the movement of each of the independent fingers. The process for the manufacture of the necessary parts for the orthosis will be through additive manufacturing providing using plastic and lightweight material. The orthosis can emulate the movement of the fingers of the hand by actuating servomotors with a controller, where recommended exercises for the rehabilitation of people with motor injuries in the hand will be memorized. The purpose of this prototype of orthosis is to minimize costs as much as possible, achieving a low-budget economy for accessibility to the public, obtaining materials with easy access and low cost.

Key words: orthosis, exoskeleton, additive manufacturing, control.

1. Introducción

La órtesis es un mecanismo ortopédico, que se implementa en una parte del cuerpo de la persona, para contrarrestar, prevenir o corregir alguna anormalidad, para posibilitar una función. El sistema de esta órtesis, estará basado en la implementación de un controlador, cuya retroalimentación se obtendrá por medio de lenguaje de programación, creando una secuencias de ejercicios programadas en el mecanismo de unos nano-servomotores que moverán los dedos de la mano, para la simulación de dicha mano, el mecanismo automatizado se determinara el grado de amplitud para articular los falanges de la mano, creando un programa que pueda interactuar con el paciente y el especialista a través de una aplicación de celular.

Para el tratamiento de lesiones y discapacidades, este se lleva a cabo mediante terapias físicas, ocupacionales o uso de aparatos ortopédicos y en algunos casos cirugía. De los anteriores tratamientos el que mejor se adapta a las necesidades del paciente con problemas de movimiento muscular en las manos, se recomienda las órtesis, que brindan el apoyo necesario. Sin embargo, los costos del equipo necesario o de las terapias requeridas para la rehabilitación suelen ser de costos excesivos o las personas no pueden acudir regularmente a sus terapias por lo que se pretende atacar el problema con el diseño de una prótesis de rehabilitación automatizada la cual está orientada a ser una herramienta útil en la práctica para las personas con discapacidad en la mano y a los fisioterapeutas o especialistas. El prototipo de prótesis será diseñado pensando en la comodidad y economía de las personas a las que éste va dirigido. Por lo tanto, sobresalen algunos beneficios que se mencionan a continuación:

- Fisiológicos: El prototipo de órtesis dará rehabilitación a una mano que haya sufrido algún percance. El prototipo se encargará de ir dando movilidad a la mano desde cualquier grado de inmovilidad que esta pueda presentar.
- Accesibilidad: El desarrollo del prototipo está dirigido para su uso profesional en el área de la salud en cualquier hospital o centro de rehabilitación y también para cualquier usuario independiente que pueda utilizarlo desde la comodidad de su hogar.
- Económicos: El prototipo está diseñado para que la adquisición de éste sea sumamente fácil, ya que se pensara en fabricar con

materiales de fácil obtención reduciendo drásticamente el costo del mismo.

2. Desarrollo Metodológico

Análisis. Se llevó a cabo una recolección de información de fuentes electrónicas, escritas y comerciales de diferentes tipos de órtesis dinámicas que existen en el mercado, seleccionando una de estas. Con el fin de obtener de manera física con la órtesis seleccionada y se trabajar sobre esa misma. De igual manera se contempla el estudio de los mecanismos y tecnologías empleadas en las prótesis robóticas que hay existentes, esto con el propósito de poder hacer una selección de mecanismos y actuadores que puedan ser adaptados o ser modificados para que logren funcionar en conjunto con la órtesis seleccionada.

Materiales

Estructura física. Para la manufactura de cada uno de los elementos de la ortesis se consideró **el filamento PLA, que es el tipo de material más usado en la impresión 3D.** Este **termoplástico,** también se conoce como ácido láctico o poliácido láctico con nombre **químico** (ácido 2-hidroxipropanoico). La materia prima destacable del **PLA** es el **maíz** (material ecológico). Su rango de temperatura de impresión está entre (190 – 220° C).

Equipo. La impresora utilizada es de la marca ANET A8 Cuenta con una pantalla LCD 2004 con cinco botones para una impresión sencilla y cómoda. Para la manufactura de las partes se requiere tiempo, especialmente por su calibración manual, pero una vez conseguido se obtiene una calidad alta de impresión. (Technologies, 2018)

Diseño. Se realizó el diseño y la simulación virtual de los elementos de la órtesis mediante un software de diseño asistido por computadora CAD. Se creó un modelo de la órtesis con la cual se analizó su comportamiento cuando se encuentre en combinación de los diferentes mecanismos que se requieran para a automatización de esta misma aun antes de que su construcción. Cuando el proceso de diseño y ensamblaje este completo, se procedió a hacer las simulaciones con los componentes creados para comprobar si el diseño cumple con los requisitos deseados, al finalizar, se procederá a la etapa de fabricación de los componentes.

Manufactura. En la etapa de fabricación se recurrirá a el uso de una impresora 3D que es proceso técnico de fabricación de un modelo tridimensional físico, a partir de un archivo digital porque es la forma más práctica de denominarlo, aunque en realidad se trata más bien de un proceso de manufactura aditiva mediante el modelado por deposición fundida MDF. El software de diseño permite exportar las piezas diseñadas mediante directorio STL para su realización en una impresora 3D, esto con el fin de elaborar de manera más práctica y al menor costo posible, obteniendo los componentes de manera física y listo para ensamblarse entre ellos.

Ensamblaje de elementos. Se unieron los componentes de la órtesis como la base principal de esta misma, así como de sus extremidades, obteniendo un mecanismo armazón principal para lograr emular el movimiento de los dedos. Con la ortesis ensamblada se realizaron las pruebas de movimiento de los dedos y de la muñeca. Una vez verificado su funcionamiento y que no exista ningún impedimento o falla en el diseño se procedió a planear la fase de automatización

Sistema motriz y de control.

- *Sistema motriz.* Para el sistema motriz se utilizaron servomotores (también llamado servo) que son dispositivos similares a un motor de corriente continua que tiene la capacidad de ubicarse en cualquier posición dentro de su rango de operación, y mantenerse estable en dicha posición, puede ser controlado tanto en velocidad como en posición.
- *Sistema de control.* Para el sistema de control se utilizó una tarjeta Arduino® es entonces una herramienta de procesamiento digital parecido a una computadora. Como tal, tiene elementos de entrada o salida digital a los cuales se les conecta botones, pantallas LCD, teclados, teclados matriciales o sensores

digitales. La comunicación es inalámbrica a través de Bluetooth que es un estándar de comunicación inalámbrica que permite la transmisión de datos a través de radiofrecuencia en la banda de 2,4 GHz.

- *Programador Arduino®.* Es la programación del microcontrolador. Consiste en traducir a líneas de código las tareas automatizadas que se quieren hacer los sensores y en función de las condiciones del entorno programar la interacción con el mundo exterior mediante unos actuadores.
- *Tarjeta de circuito impresa PCB.* Es un circuito cuyos componentes y conductores están contenidos dentro de una estructura mecánica.

3. Resultados

Propuesta del prototipo. Este proyecto está basado en un prototipo de diseño de exoesqueleto, que se la harán diferentes pruebas para ver qué tan eficaz es su mecanismo y su funcionamiento por medio del sistema **de polea excéntrica biela-palanca. Con el fin de mover las falanges de la mano para abrir y cerrar. Por medio de un servo motor clocado en la mano para realizar dicha función.** La tecnología desarrollada se caracteriza por ser un exoesqueleto útil para personas que tienen movimiento de mano y sensibilidad a la punta de los de dos, pero no tienen suficiente fuerza para la movilidad de la mano.

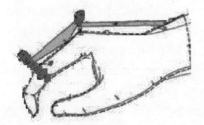

Fuente: Elaboración propia.

Fig. 18. Propuesta de para la estructuración de la ortesis.

Diseño de las piezas de la ortesis. En este apartado se mostrarán los diferentes tipos de piezas independientes que conformarán la ortesis en su complejidad mostrando cada una de ellas con las medidas específicas de una mano para después pasar a un ensamble de función de mecanismo. Se describirá cada una de las partes del mecanismo del exoesqueleto conforme se encuentre cada una de las imágenes.

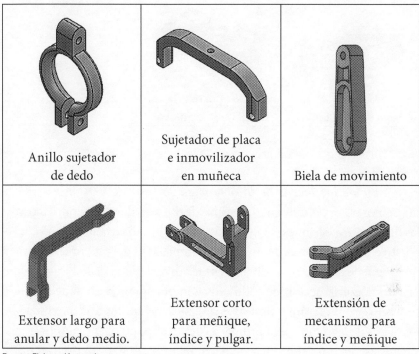

Anillo sujetador de dedo	Sujetador de placa e inmovilizador en muñeca	Biela de movimiento
Extensor largo para anular y dedo medio.	Extensor corto para meñique, índice y pulgar.	Extensión de mecanismo para índice y meñique

Fuente: Elaboración propia.

Fig. 19. Piezas de la estructura de la ortesis.

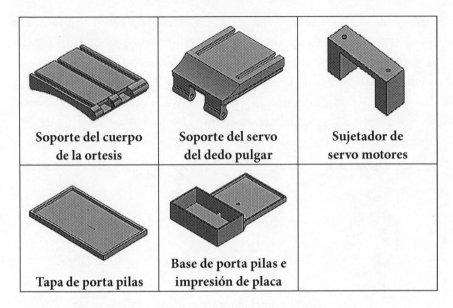

Soporte del cuerpo de la ortesis	**Soporte del servo del dedo pulgar**	**Sujetador de servo motores**
Tapa de porta pilas	**Base de porta pilas e impresión de placa**	

Fig. 20. Piezas de la estructura del sistema motriz y control.

Ensamble de las piezas de la ortesis en software CAD. En esta parte podremos observar diferentes capturas de imagen, donde se podrá mostrar las diferentes posiciones y ángulos del exoesqueleto ensamblado, el cual el objetivo del montaje, es demostrar la complejidad del movimiento con la que se puede desplazar los diferentes mecanismo de cada dedo, así mismo viendo la construcción de todos sus componentes, la finalidad de este proyecto es que el primer prototipo de exoesqueleto, logre la movilidad de los dedos de la mano en un promedio del 50 al 70 por ciento de eficiencia, ya que las personas con discapacidad fatal inmovilidad solo logran un 10 a 30 porciento de movilidad de su mano independientemente.

Fuente: Elaboración propia.

Fig. 21. Vistas de la estructura física ensamblada virtualmente.

Proceso de impresión 3D y ensamble físico de la estructura. En esta parte se mostrarán imágenes de las impresiones realizadas de las piezas impresas del exoesqueleto. El ajuste de esta impresora tiene un margen de error de 0.2 milímetros entre las capas de impresión.

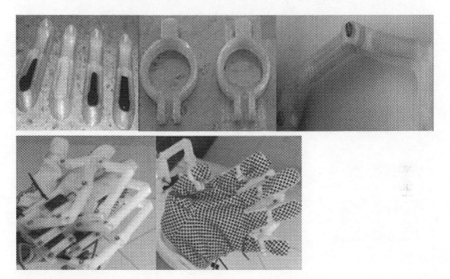

Fuente: Elaboración propia.

Fig. 22. Manufactura y ensamble de la estructura de la ortesis

Diseño del sistema motriz y de control. Para el proceso de seguimiento de este proyecto se llevó a cabo el diseño de una placa sencilla con el Arduino NANO así como la Antena Bluetooth el cual este pequeño diseño fue impreso para plasmarlo en una placa fenólica y hacer el diseño de pistas. En este mismo circuito se puede apreciar que se insertaron 5 jumpers triples donde que van conectados a las entradas PWM con su respectivo voltaje en puente hacia el Arduino. A si como un Push Botón de en enclavamiento para energizar-des energizar el circuito y dos terminales para alimentación con dos baterías de 4,2 volts de 5200 miliAmperes cada una.

Fig. 23. Diseño del circuito y ensamble de antena y tarjeta.

Programación.

Tabla 8. Aspectos de la programación

Programación para los micro servomotores y secuencias	• Declaración de entidades que son nuestros servomotores. • Declaración de conexión de pines para cada servomotor. • Variables de transición de tiempo de barrido para servomotor. • Variable de posición de servomotores • Variable de selector de modo • Variables de almacenamiento de posición para cada servo • Variable que almacena la resolución para el paso del servo
Programación de Secuencias:	• Abre y cierra todos los dedos a la misma vez. • Secuencia dedo por dedo (abre y cierra uno a la vez) • Abre uno por uno, cierra uno por uno.
Función Bluetooth	• Cuando un carácter es enviado a través del dispositivo el programa ejecuta una secuencia o una instrucción.
Declaración de variables para apertura de dedos manual:	• Cierre de dedos manual. • Disminuye en uno la resolución de pasos. • Aumenta en uno la resolución de pasos

Pruebas de movilidad de exoesqueleto. En esta parte observaremos que el mecanismo desarrollado durante todo el proceso de diseño de este prototipo, así como la programación y ensamblado, logre la función de expansión y retracción de los dedos de la mano, con el fin de moverlos en un máximo de un 70%, ya que la movilidad será limitada por el diseño del exoesqueleto, así como la ergonomía y diseño.

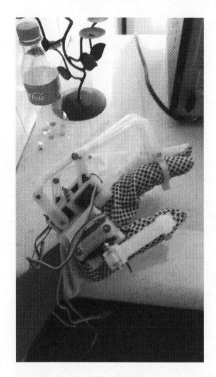

Fig. 24. Ortesis en funcionamiento para pruebas y ajustes

4. Conclusiones

El prototipo de ortesis elaborado de material termoplástico (PLA) con circuitos y materiales de fácil acceso, pueden ser adaptadas directamente al paciente y ser fácilmente cambiadas, así como reimpresas cada una de las piezas del prototipo en caso de ruptura o desgastes, el promedio gastos de este proyecto en material llevo un total de $ 2100.00 pesos estando por debajo de promedio de todas las ortesis existentes. Este prototipo se puede convertir en una parte integral del proceso de terapia cuando deseamos, la recuperación del movimiento o función en la mano en base al diagnóstico de un especialista. El prototipo de ortesis automatizada o férula como también se le podría conocer, tiene un objetivo específico y a medida que los objetivos terapéuticos cambian, el diseño y/o el uso de este prototipo de ortesis podría evolucionar. Aun cuando muchas ortesis / férulas pueden ser utilizadas largos períodos de tiempo, muchas también son utilizadas solamente durante el período post lesión/postquirúrgico ya que esto dependerá si el paciente tiene mejoría y es estudiado a través de un fisioterapeuta, dando un diagnóstico de que tan funcional puede ser el tratamiento de cesiones con el prototipo a si como si el paciente es capaz de recuperar la movilidad y el tiempo de recuperación.

Se hicieron pruebas de la ortesis en una mano con los tres diferentes tipos de sesiones de ejercicios programados, demostrado que el movimiento de las falanges puede realizarse independiente mente, logrando así la movilidad de estos en más de un 60 por ciento de extensión y flexión de los dedos, probando que es factible para un tratamiento de rehabilitación de mano que lo requiera.

5. Referencias

Arce, C. (2005). Órtesis de miembros superiores clasificación, funciones, prototipos, características e indicaciones. Perú: recuperado de http://www.arcesw.com/o_m_s.pdf

Arduino, (2019). *Arduino*. Obtenido de www.arduino.com

Carletti, E. J. (2017). Servos y Caracteristicas Basicas. Buenos Aires, Argentina: Robots Argentina.

Hospital del Trabajador ACHS. (s. f.). Manual de órtesis. Chile: Terapia Ocupacional. Departamento de Rehabilitación. En http://www.hospitaldeltrabajador.cl/ht/Comunidad/documentos/Documents/MANUAL%20ORTESIS.pdf

Impresoras3D, (2018). *Filamento PLA: consejos, características y mucho más*. Obtenido de https://www.impresoras3d.com/filamento-pla-consejos-caracteristicas-y-mucho-mas/

Kosow, I. L. (2004). Máquinas electricas y transformadores., New York: USA Pearson.

Ortiz, J. C., Velásquez, R. F., Rodríguez, A., Martínez, C. G., Sánchez, A., Molina, M. N. (2016). Férula dinámica para mano con extensor de dedos, pulgar y muñeca. VII Congreso Nacional de Tecnología Aplicada a las Ciencias de la Salud, 16 al 18 de Junio de 2016. Puebla: BUAP. Recuperado de http://www-optica.inaoep.mx/~tecnologia_salud/2016/documentos/memorias/MyT2016_131_E.pdf

Sites Google, (2012). Mecanismos. Obtenido de https://sites.google.com/site/gabrielmecanismos/Home/parte-iii/03---transformacion-del-movimiento-giratorio-en-oscilante/3-1---sistema-rueda-excentrica-biela-palanca

Technologies ©. 2. (2018). Impresora 3D. Obtenido de https://lamejorimpresora3d.com/impresoras-3d/anet-a8-a8plus

CAPÍTULO 7

CHATBOT PARA EXTENDER LAS FUNCIONES DE UNA MUÑECA ELECTRÓNICA DISEÑADA PARA PRESERVAR Y DIFUNDIR EL LENGUAJE MIXTECO

Miguel Fuentes Cortés[1]*, Francisco Ramos Guzman[1], Jeremías Bravo Tapia[1], Jonathan Gutiérrez Atecpanecatl[2]

[1]ITSAO-CA-1-TRANSFERENCIA DE TECNOLOGÍA APLICADA A LA RESOLUCIÓN DE PROBLEMAS

Tecnológico Nacional de México/Instituto Tecnológico Superior de Acatlán de Osorio

[2]UTTLAX-CA-8 - DESARROLLO TECNOLÓGICO PARA LA AUTOMATIZACIÓN EN PROCESOS

Universidad Tecnológica de Tlaxcala

*academico_mfc@hotmail.com

Resumen

El cuerpo académico transferencia de tecnología aplicada a la resolución de problemas y el cuerpo académico desarrollo tecnológico para la automatización en procesos, en el presente proyecto exponen la creación de un chatbot, utilizando la tecnología IBM Watson para extender las funciones de una muñeca electrónica previamente diseñada por el cuerpo académico ITSAO-CA-1 para aprender y preservar el idioma Mixteco. La muñeca está elaborada con una placa electrónica arduino y cuatro sensores colocados en la cabeza, boca, mano y pie. Las funciones que realiza es repetir en español y mixteco la parte del cuerpo seleccionada, mediante alguno de los sensores de la muñeca. Con la implementación del chatbot se pretende expandir el número de palabras que puede pronunciar en español y mixteco utilizando el lenguaje natural.

Palabras clave: chatbot, electronica, mixteco, muñeca, preservar

Abstract

The academic body transfer of technology applied to problem solving and the academic body technological development for automation in processes, in this project expose the creation of a chatbot, using IBM Watson technology to extend the functions of a previously designed electronic doll by the ITSAO-CA-1 academic body to learn and preserve the Mixtec language. The doll is made with an arduino electronic board and four sensors placed on the head, mouth, hand and foot. The functions that are carried out is to repeat in Spanish and Mixtec the part of the body that is identified by any of the wrist sensors. With the implementation of the chatbot, the aim is to expand the number of words it can pronounce in Spanish and Mixtec using natural language.

Key words: chatbot, electronic, mixtec, doll, preserve

1. Introducción

La investigación de esta problemática se realizó porque el lenguaje mixteco hablado en la comunidad de san jeronimo xayacatlán, xayacatlán de bravo entre otros municipios de la mixteca baja poblana, está en peligro de extinción. En Fuentes et al, 2021, se identificaron las causas que provocan que el idioma Mixteco esté en peligro de extinción:

Los municipios indígenas del sur del estado de Puebla, Xayacatlán de Bravo y San Jerónimo Xayacatlán se encuentran en riesgo de perder la lengua mixteca, porque los habitantes han perdido el interés en hablarla; Gudelia Mendoza Martínez, cronista del municipio de Xayacatlán informo que sólo el 37 por ciento de la población habla la lengua mixteca, y la mayoría son adultos mayores de 40 años. Destacó que, por desgracia, a las nuevas generaciones ya no se les enseña a hablar esta lengua materna. Los padres de familia no quieren que sus hijos aprendan, por cuestiones de discriminación, (Carbajal, 2019). En el caso del municipio de San Jerónimo Xayacatlán sus tres comunidades: Santo Domingo Tonahuixtla, San Pedro y Gabino Barreda, aún luchan por fomentar su lengua entre las nuevas generaciones. Sin embargo, el factor migración ha sido determinante para que el idioma autóctono se pierda, ya que los jóvenes salen para buscar mejores oportunidades y no regresan (pag. 455);

Para preservar y difundir el lenguaje Mixteco, en Fuentes et ál.(2020), se elaboró una muñeca electrónica que sirve para varios propósitos (pp 453-465). Algunos de ellos son, ayudar a los niños a aprender, preservar y difundir el idioma mixteco. Las funciones que realiza la muñeca en español y mixteco son las siguientes: presentarse y decir su nombre, también puede repetir en español y mixteco las palabras: Cabeza, boca, mano y pie. La interacción se realiza mediante sensores colocados en diferentes partes del cuerpo, (ver Fig. 25).

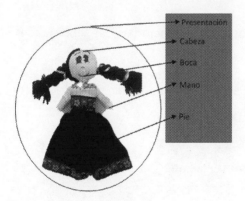

Fuente: Fuentes et al. (2021, p.461)

Fig 25. Muñeca electrónica Margarita.

En este trabajo de investigación se propone el diseño de un chatbot, utilizando la tecnología de IBM Watson, para extender las funciones de la muñeca electrónica. Se toma con referencia la clasificación del vocabulario en mixteco elaborada en Fuentes et ál. (2020) animales, frutas, verduras, números, objetos y partes del cuerpo (p 54). Centro de investigación innovación en educación superior las profesiones y el talento. También se propone integrar la tecnología de chatbots a la muñeca electrónica para interactuar con los usuarios mediante comandos de voz. Garcia (2020) define un chatbot de la siguiente manera:

> "Programas informáticos que tienen la habilidad de interactuar con personas utilizando interfaces basadas en el lenguaje. Su propósito es simular una conversación humana inteligente de modo que, en general, el interlocutor tenga una experiencia lo más parecida posible a la conversación con otra persona". (p 6)

2. Desarrollo

Para la elaboración del chatbot, se utilizó la metodología de Proceso Unificado(RUP), dicha metodología está compuesta de las siguientes fases: inicio, elaboración, construcción y transición (ecured, 2020).

Fase de inicio: A continuación, se mencionan las actividades desarrolladas:

- Identificar los dialogos para interactuar con el usuario.
- Identificar la lista de palabras por categoria.

Derivado de la identificación de dialogos a realizar por la muñeca, se determinó el siguiente flujo de conversación:

1. **Presentación.** Al momento de encender la muñeca, reproduce mediante el lenguaje natural alguna de las siguientes frases:

> *Hola me llamo Margarita y te invito aprender el idioma mixteco.*
> *Sabías que el idioma mixteco está en peligro de extinción.*
> *Vamos te invito a aprender mixteco.*

2. Mencionar su nombre. Para mencionar su nombre elige de manera aleatoria alguna de las siguientes frases:

> *Que alegría saludarte, me llamo Margarita*
> *Hola como estas, mi nombre es Margarita*
> *Me da gusto saludarte, mi nombre es Margarita*

3. Motivo de creación. Si alguien pregunta porque fue creada, va contestar alguna de las siguientes frases.

> *Fui creada para ayudar rescatar el idioma mixteco*
> *Me diseñaron para ayudar a rescatar el idioma mixteco*
> *Mi objetivo es ayudar a preservar el idioma mixteco*

4. Enseñanza. En este apartado, la muñeca electrónica menciona, las diferentes categorías que puede enseñar a pronunciar en español y mixteco.

> *Hola te puedo enseñar a aprender los siguientes temas en mixteco: Alfabeto, Números, Animales, objetos de la case, partes del cuerpo, frutas y verduras.*

5. Categorias. En este apartado la muñeca electrónica responderá sobre las distintas categorias que tiene disponibles para enseñar.

6. Entre otras cosas: En este apartado, elegirá de manera aleatoria alguna de las siguientes frases para indicar que no entendió la pregunta:

> *No le he entendido. Intente reformular la consulta.*
> *¿Puede expresarse con otras palabras? No le he entendido.*
> *No entendí el significado.*

A continuación, se muestran algunas preguntas, utilizadas para entrenar la red neuronal y responder al usuario.

¿Cómo te llamas?, ¿Qué edad tienes?, ¿Para qué fuiste creada?, ¿Quién fue tu creador?, ¿Cuántos idiomas hablas?

Las categorías de palabras que puede enseñar la muñeca se muestran a continuación: Parte del cuerpo, Frutas y verduras, Objetos de la casa, Abecedario, Números, Animales.

Fase de elaboración:

Cómo resultado del análisis de la información recolectada en la fase anterior, el chatbot se conceptualiza de la siguiente manera, (ver Fig. 26).

Fuente: Elaboración propia.

Fig. 26. Estructura del chatbot.

Definición de conceptos del módulo de inteligencia artificial:

Intents: Una inteción es una colección de declaraciones de usuario que tienen el mismo significado. Al crear intenciones, capacita al chatbot para que comprenda la variedad de formas en que los usuarios expresan una pregunta o una acción.

Entities: Las entidades son como sustantivos o palabras clave. Al desarrollar sus términos del idioma mixteco en entidades, su asistente puede proporcionar respuestas específicas a las consultas.

Dialog: Permite crear el dialogo para comunicar una respuesta al usuario.

Funcionamiento del chatbot para interactuar con la muñeca mediante comandos de voz: De acuerdo a la figura 2, los comandos de voz son recibidos por el módulo de entrada. A continuación el comando de voz es recibido por MargaritaIA, en seguida dicho comando, es enviado al módulo de *Intents.* Dicho módulo analiza la intención del usuario. En caso de que el chatbot MargaritaIA, este preparado para responder a dicho comando, el módulo MargaritaIA, prepara la respuesta para enviar al usuario. Finalmente se envía la respuesta al usuario.

Fase de construcción:

A continuación se muestran las interfaces de IBM Watson utilizadas para crear el módulo de inteligencia artificial. En la Fig. 27, del lado izquierdo se puede observar el menú que permite crear las *entities*, *intents* y *dialog* entre otras funciones. De igual manera en el rectangulo del lado derecho, se muestran los *intents* creados, marcados con una paloma. También se puede observar que se agregaron nuevas intenciones, por mencionar algunas: alacrán, araña entre otras.

En la Fig. 28 se puede observar el árbol de nodos, mediante el cual procesa las preguntas y regresa una respuesta al usuario. En caso de que no esté preparado para responder alguna pregunta, mediante el último nodo del árbol, se envía un mensaje al usuario indicándole que no entendió la pregunta.

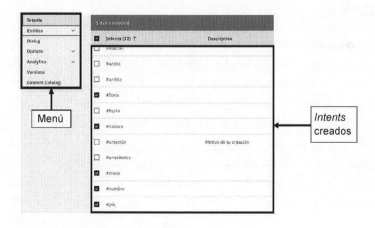

Fuente: Elaboración propia

Fig. 27. Creación de módulo de Intents

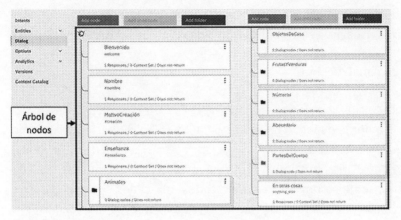

Fuente: Elaboración propia

Fig. 28. Creación de módulo de Dialog

Fase de transición: En esta fase se obtuvo la versión beta del módulo. Las pruebas realizadas se muestran en la sección de resultados de este documento.

3. Resultados

A continuación, se muestra el funcionamiento del módulo de inteligencia artificial para interactuar con el usuario mediante la tecnología de chatbot. Cómo se puede observar en la Fig. 29, al momento de iniciar el bot, se presenta e invita al usuario a aprender mixteco. Posteriormente se puede observar, que el usuario le pregunta sobre los temas que puede aprender, con la muñeca y finalmente se muestra de qué manera se responde al usuario, cuando pregunta sobre la pronunciación de alguna palabra en concreto. Para el resto de las distintas palabras, la dinámica de interacción es la misma.

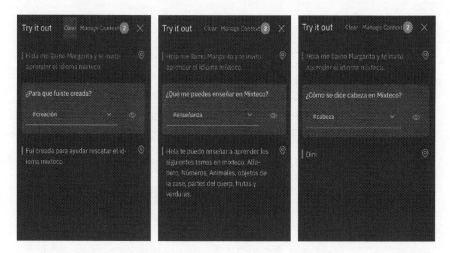

Fig. 29. Interacción del módulo de inteligencia artificial con el usuario vía texto.

4. Conclusiones

El chatbot elaborado con la tecnología de IBM Watson, permite extender las funciones de la muñeca electrónica, mediante la interacción de comandos de voz. Para lograr tal propósito se implementó el servicio de conversión de voz a texto y texto a voz, porque el chatbot, se encuentra alojado en la nube de IBM, y el comando de voz es enviado mediante un servicio web. Las pruebas se realizaron mediante el envío de mensajes. En el diseño del módulo las palabras están organizadas por categorías: abecedario, números, partes del cuerpo, animales, objetos de la casa, frutas y verduras. Con la implementación de este módulo en la muñeca electrónica, adquiere la capacidad de interactuar con el usuario utilizando el lenguaje natural. Como trabajo a futuro queda pendiente migrar el hardware arduino actual de la muñeca a un raspberry pi y cargar el chatbot margaritaIA en dicho hardware.

Referencias

Andres, S. & Camilo, C. (2019). Implementación de un método de procesamiento del lenguaje natural en un voicebot sobre el cultivo de Maíz. Universidad Catolica de Colombia, Colombia. Recuperado de: https://repository.ucatolica.edu.co/bitstream/10983/24003/1/Documento%20Sneider%20Sanchez%20Cristian%20%20Cucunuba.docx.pdf

EcuRed. (8 de November de 2020). Obtenido de https://www.ecured.cu/: https://www.ecured.cu/Proceso_unificado_de_desarrollo

Esteban, M. & Calderón, C.(2017). Agentes virtuales con capacidades cognitivas utilizando IBM. Universidad Autonoma de Madrid, Madrid. Recuperado de: http://hdl.handle.net/10486/679632

Fuentes, M., Ramos, F., Santos, G., Estudillo, M.(2020). Tecnología de dispositivos móviles para preservar y difundir el lenguaje Mixteco. Elementos de Integración y Producción de Conocimiento. (pp 52-59). Centro de investigación innovación en educación superior las profesiones y el talento.

Fuentes, M., Vazquez, V., Sánchez, X., Ramos, F.(2021). Muñeca electrónica para difundir el lenguaje Mixteco y salvaguardar el patrimonio cultural de la región mixteca baja del estado de Puebla. 453-465. http://fundacionlasirc.org/images/Revista/REVISTALASIRCVolumen2.No.1.pdf

Garcia, B. G. (27 de January de 2020). Open access at the UOC. Obtenido de http://hdl.handle.net/10609/85786

Gálvez, A. (2019). Aplicación Móvil para Diagnosticar posibles fallas automotrices utilizando la herramienta IBM Watson para la Empresa Vecars $ Truacks S.A.C. Universidad Privada Antenor Orrego, Perú. Recuperado de: https://hdl.handle.net/20.500.12759/5162

Esteban, M. & Calderón, C.(2017). Agentes virtuales con capacidades cognitivas utilizando IBM. Universidad Autonoma de Madrid, Madrid. Recuperado de: http://hdl.handle.net/10486/679632

Pizarro, S. (2019). Bot Conversacional Detector de Sentimientos. Tesis de licenciatura. Universidad de la laguna, España. Recuperado de: http://riull.ull.es/xmlui/handle/915/13468

Ivan, G. (2019). Tecnología Cognitiva Aplicada a la Comunicación en las Aulas Virtuales. Tesis de licenciatura. Universidad Piloto de Colombia, Colombia. Recuperado de: http://repository.unipiloto.edu.co/handle/20.500.12277/4780

CAPÍTULO 8

SISTEMA DE CONTROL PARA EL CULTIVO DE JITOMATE EN INVERNADERO

M.C. Héctor Islas Torres[1]*, M.I.I William Miguel Castillo López [2],
M.I.I Héctor Santos Alvarado[1], Dra. Miriam Silvia López Vigil[1]

[1] ITTEH-CA-2-GESTIÓN Y COMPETITIVIDAD INDUSTRIAL

Tecnológico Nacional de México/Instituto Tecnológico de Tehuacán

[2]INGENIERÍA MECÁNICA

Tecnológico Nacional de México/Instituto
Tecnológico Superior de Ciudad Serdán

*hector.it@tehuacan.tecnm.mx

Resumen

El presente trabajo tiene por objeto el diseño de un sistema de control para coadyuvar a la proliferación del cultivo de jitomate en invernadero en la región de Tehuacán Puebla, se han seleccionado las siguientes variables de estudio inmersas en el desarrollo y/o el crecimiento de una planta de jitomate:

- Intensidad luminosa
- Riego
- Cantidad de dióxido de carbono
- Temperatura.

Cabe mencionar que el equipo empleado para desarrollar los algoritmos y pruebas necesarias ha sido un PLC SIEMENS 313C. La presente propuesta nace derivada de los diversos cambios climáticos observados en los últimos años en la región, los cuales hacen del cultivo a suelo abierto y/o fuera de temporal una alternativa complicada. El caso de estudio se seleccionó con base en las principales actividades de comercio en la región de Tehuacán, así como el clima que esta presenta. Esta situación aunada a la creciente demanda de nuevos dispositivos de control automático dificulta que los pequeños y medianos productores puedan estar en competitividad contra empresas consideradas potencia en este ramo. Al finalizar la presente se espera brindar una solución de bajo costo en cuanto a producción de jitomate en invernadero se refiere.

Palabras clave: Sistema de control, PLC, control automático, algoritmos.

Abstract

The objective of this work is the design of a control system to contribute to the proliferation of tomato crops in greenhouses in the region of Tehuacan, Puebla. The following variables have been selected for study, immersed in the development and/or growth of a tomato plant:

- Light intensity
- Irrigation
- Amount of carbon dioxide
- Temperature.

It is worth mentioning that the equipment used to develop the necessary algorithms and tests has been a SIEMENS 313C PLC. The present proposal is derived from the various climatic changes observed in recent years in the region, which make cultivation in open soil and/or out of season a complicated alternative. The case study was selected based on the main commercial activities in the Tehuacan region, as well as the climate. This situation, together with the growing demand for new automatic control devices, makes it difficult for small and medium-sized producers to compete with companies that are considered powerhouses in this field. At the end of this study, it is expected to provide a low-cost solution for tomato production in greenhouses.

Key words: Control system, PLC, automatic control, algorithms.

1. Introducción

En el mercado internacional, durante 2016 el jitomate mexicano cubrió 90.67% de las importaciones de Estados Unidos y 65.31% de Canadá (SAGARPA, 2017).

El auge de las nuevas tecnologías que van desde la aplicación de técnicas de control clásicas hasta el internet de las cosas, ha obligado a los sectores de producción en general a incursionar en estas novedosas tendencias tecnológicas, la infinidad de tareas que han sido potencializadas a raíz de estas, así como la evolución de las mismas ha sido abismal.

Por ende, el sector agrícola representando una de las actividades económicas de mayor aportación y reconocimiento, no podía quedar exento del alcance de las nuevas tecnologías, pues en la actualidad existen sistemas de control desarrollados para las variables inmersas en la proliferación de diversos cultivos las cuales emplean una diversidad de metodologías como protocolos de comunicación. Sin embargo, una realidad presente al mismo tiempo en la aplicación de las nuevas tecnologías son los altos costos de adquisición, pues la mayoría de los sistemas presentes en territorio Mexicano son de origen extranjero.

Existen empresas con gran recorrido en este tipo de tecnologías, las cuales han ofertado sus servicios en el mercado desde hace ya un par de décadas, por ejemplo: Asesores en Construcción y Extensión Agrícola S.A. de C.V. quienes participan desde 1980 con diseños, desarrollos y adaptaciones de las diferentes tecnologías usadas en el mundo. Para ello se toman en cuenta factores climáticos específicos del lugar donde se realizará la instalación para que sean económicos al mismo tiempo que resuelven las necesidades específicas de los productores según su región (Pacheco, A., 2015).

2. Desarrollo

Aspectos técnicos de las variables aplicadas al cultivo de jitomate

En términos generales las necesidades óptimas para el desarrollo y producción del cultivo de jitomate deben tomar en cuenta que es una planta altamente resistente a la sequía y susceptible al exceso de humedad, también es termo periódica, necesita una diferencia de temperatura entre el día y la noche de 8°C; es un cultivo que requiere cantidades suficientes de calcio y potasio, consume en promedio 2.8 L de agua por día por planta (SAGARPA,2017).

Aspectos generales del equipamiento a utilizar

El entorno de programación empleado para el desarrollo del algoritmo será Step7, un software de PLC Simatic S7 de la familia Siemens. Tomando en cuenta el modelo CPU a emplear (313C), el cual pertenece a la familia Siemens 300 y sabiendo que este cuenta con 16 bits contemplando el bit de signo destinados al almacenamiento de señales analógicas. Podemos conocer el rango de valores de resolución y voltaje como se muestra en la Fig. 30.

Sistema		Rango de medición de tensión				
dec.	hex.	±10 V	±5 V	±2,5 V	±1 V	
32767	7FFF	11,851 V	5,926 V	2,963 V	1,185 V	Rebase por exceso
32512	7F00					
32511	7EFF	11,759 V	5,879 V	2,940 V	1,176 V	Margen de saturación
27649	6C01					
27648	6C00	10 V	5 V	2,5 V	1 V	
20736	5100	7,5 V	3,75 V	1,875 V	0,75 V	
1	1	361,7 µV	180,8 µV	90,4 µV	36,17 µV	
0	0	0 V	0 V	0 V	0 V	Rango nominal
-1	FFFF					
-20736	AF00	-7,5 V	-3,75 V	-1,875 V	-0,75 V	
-27648	9400	-10 V	-5 V	-2,5 V	-1 V	
-27649	93FF					Margen de saturación por defecto
-32512	8100	-11,759 V	-5,879 V	-2,940 V	-1,176 V	
-32513	80FF					Rebase por defecto
-32768	8000	-11,851 V	-5,926 V	-2,963 V	-1,185 V	

Fuente: Elaboración propia

Fig. 30. *Representación de valores analógicos en rangos de medición de tensión.*

De forma experimental sabemos que el valor máximo de resolución aceptado en una entrada analógica es 27600, el cual como se muestra en la Fig. 30 corresponde a un valor de 10 volts.

Antes de continuar es importante recordar que nuestro PLC nos permite operar en rango unipolar aceptando valores en un rango de 0v a 10v

(0-27600), así como bipolares donde el rango contiene valores negativos operando de -10v a +10v (-27600 a +27600).

El tipo de dato empleado para entradas y salidas analógicas se denomina Word y tiene una extensión de 16 bytes es decir 2 bytes los cuales en adelante emplearemos en rango bipolar. La Fig. 31 muestra la gráfica de valores entre el voltaje y su resolución.

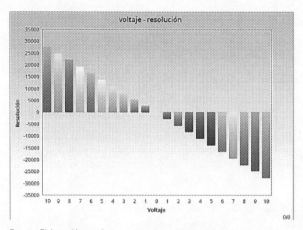

Fuente: Elaboración propia

Fig. 31 *Gráfica de valores voltaje-resolución*

Para trabajar con señales analógicas se tienen las direcciones E0=PEW752, E1=PEW754, E0=PEW756, E0=PEW758, A0=PEW752 y A1=PEW754. Las iniciales PEW y PAW significan: leer y escribir respectivamente de periférico de entrada un dato tipo Word. Al igual que las entradas digitales estas solo pueden ser usadas una vez dentro del programa, es por ello que asignamos el dato a una marca del mismo tipo por ejemplo MW10, esto se lleva a cabo mediante un bloque de transferencia (move), como se muestra en la Fig. 32.

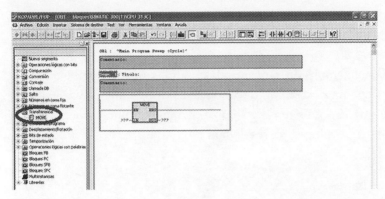

Fuente: Elaboración propia

Fig. 32. *Ubicación del bloque de transferencia dentro del software s7-300*

Tomando en cuenta el objetivo del programa se ha optado por emplear comparadores con la finalidad de establecer los rangos de operación de los sensores involucrados. En la Fig. 33 se muestra la carpeta de origen dentro del software STEP 7.

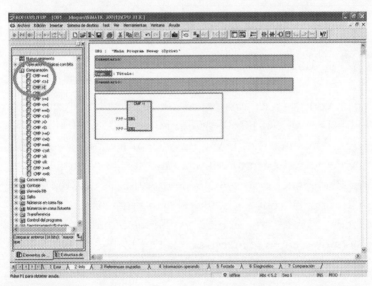

Fuente: Elaboración propia

Fig. 33. *Ubicación del bloque de comparación en el S7-30.*

Desarrollo del algoritmo base

El punto medular del proyecto consiste en obtener una serie lecturas analógicas procedente de los sensores asignados a cada variable de estudio al interior del invernadero y aplicar las estrategias de control necesarias para que esta se mantenga operando dentro de los rangos climáticos previamente especificados con la finalidad de coadyuvar a la proliferación del cultivo de jitomate. La secuencia lógica propuesta se presenta en el diagrama de flujo mostrado en la Fig. 34.

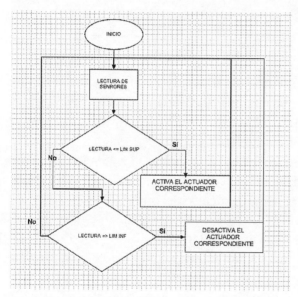

Fuente: Elaboración propia

Fig. 34. Diagrama de flujo del algoritmo base.

En lo posterior el diagrama de flujo presentará los cambios pertinentes con base en las condiciones de operación de cada variable analizada.

3. Resultados

Sistema de riego: la Tabla 9 resume las especificaciones del sensor utilizado.

Tabla 9 Especificaciones Sensor YL -69

Voltaje de entrada	3.3 – 5 VCD
Voltaje de salida	0 – 4.2 VCD
Corriente	35 mA
Tensión de alimentación	VCC
Tierra	GND
A0	Salida analógica que entrega una tensión proporcional a la humedad. Puede ser medida directamente desde un puerto analógico en un microcontrolador, con Arduino, CI, etc.
D0	Salida digital, este modulo permite ajustar cuando un nivel lógico en esta salida pasa de bajo a alto mediante el potenciómetro
Dimensión YL – 38	30 X 16 mm
Dimensión YL – 69	80 X 30 mm

Con base en el diagrama de flujo diseñado y tomando en cuenta los límites de operación realizaremos el programa en Step 7, descrito a continuación:

1. Ingresamos la señal del sensor de humedad mediante un bloque de transferencia y lo almacenamos en la marca MW10, ahora estamos listos para operar dentro del proceso lógico.

2. Establecemos el límite inferior de nuestro rango de operaciones el cual hemos definido como el 10% de humedad, el cual corresponde a 12420, emplearemos un comparador y asignaremos la salida de este a una marca tipo digital.

3. Establecemos el límite superior definido como el 90% sabemos que corresponde a 1380, así que emplearemos un segundo comparador.

4. Por último, asignaremos una salida digital para activar el actuador final que es una bomba de riego, por lo tanto, emplearemos las salidas de los comparadores conectados en serie activando la salida A124.0. El programa de control del sistema de riego se ilustra en la Fig. 35

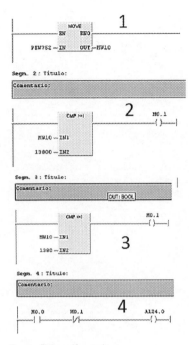

Fuente: Elaboración propia

Fig. 35 *Programa de control de sistema de riego.*

En la Fig. 36 se presenta la gráfica en forma decreciente debido a que el valor 0 representa presencia del 100% de humedad en la planta mientras que el valor 13800 es indicador de una total ausencia de humedad (0%).

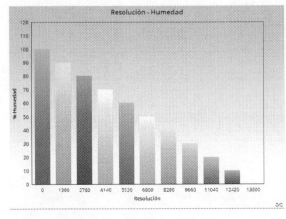

Fuente: Elaboración propia

Fig. 36. *Gráfica Resolución - Humedad.*

Control de temperatura

Con base en el diagrama de flujo diseñado y tomando en cuenta los límites de operación seleccionados realizaremos el programa en STEP 7.

1 Features

* Calibrated Directly in Celsius (Centigrade)
* Linear + 10-mV/°C Scale Factor
* 0.5°C Ensured Accuracy (at 25°C)
* Rated for Full −55°C to 150°C Range
* Suitable for Remote Applications
* Low-Cost Due to Wafer-Level Trimming
* Operates From 4 V to 30 V
* Less Than 60-μA Current Drain
* Low Self-Heating, 0.08°C in Still Air
* Non-Linearity Only ±¼°C Typical
* Low-Impedance Output, 0.1 Ω for 1-mA Load

Fuente: Datasheet, Texas Instrument

Fig. 37. Especificaciones técnicas del sensor LM35AH.

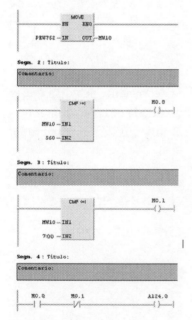

Fuente: Elaboración propia

Fig. 38. Programa de control de temperatura.

A diferencia del sensor de humedad los incrementos de este no solo representan porcentajes de humedad si no valores totalmente definidos lo que nos orilla a emplear la regla de 3 para conocer las relaciones entre temperatura, voltaje y unidades de resolución.

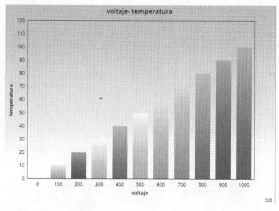

Fuente: Elaboración propia

Figura 39. *Gráfica voltaje - temperatura.*

4. Conclusiones

El algoritmo base desarrollado nos permitió facilitar la lógica de programación empleada en el desarrollo de los programas en SIMATIC MANAGER STEP7. Los sensores empleados durante el desarrollo del proyecto son de fácil acceso en el mercado en cuanto a precio se refiere, esta situación nos permitió desarrollar sistemas de control de bajo costo para competir con las nuevas tecnologías de control automático.

Cabe mencionar que la linealidad presentada en las gráficas de comportamiento de los sensores aunado a la alta resolución con la que cuenta el CPU 313c hicieron posible la recolección de datos altamente fidedignos lo cual permitió que el escalamiento de la señal de los límites superior e inferior se realizará de una forma más amena, las salidas empleadas no presentaron problemas de escalamiento de señal esto debido a que estas fueron en todos los casos de estudio de tipo digital para posteriormente ser empleadas como señales de activación en las respectivas etapas de potencia.

5. Referencias

Álvarez-Pulido, M. (2004). *Controladores Lógicos.* España: Marcombo, S. A.

Infoagro, El cultivo del tomate (Parte I), recuperado de https:// www.infoagro.com/documentos/el_cultivo_del_tomate__parte_i_ .asp#:~:text=En%20el%20cultivo%20del%20tomate,sistema%20de%20 control%20clim%C3%A1tico%2C%20etc.

Mayol I Badia, A. (1988). *Autómatas programables.* España: Marcombo.

SAGARPA (2017). Planeación agrícola en www.gob.mx/sagarpa.

Pacheco, A. (2015), Entrevista. 2000Agro, Revista Industrial del Campo. http://www.2000agro.com.mx/entrevistas/alex-jose-pacheco-abraham/

CAPÍTULO 9

ANÁLISIS POR CORRELACIÓN MÚLTIPLE DE LAS VARIABLES BASE EN LAS EMPRESAS DE LOS SERVICIOS

Héctor Santos Alvarado[1], Miriam Silvia López Vigil[1],*
Héctor Islas Torres[1], Juan Carlos Vásquez Jiménez[2]

[1] CA-TTEH-02-LIDERAZGO Y GESTIÓN EMPRESARIAL

Tecnológico Nacional de México/ Instituto Tecnológico de Tehuacán

[2] CA-TTEH-04-SISTEMAS DE MANUFACTURA

Tecnológico Nacional de México/ Instituto Tecnológico de Tehuacán

[*]hsalvarado@hotmail.com

Resumen

Previa obtención de la información de interés por medios validados de la investigación científica se expone, un análisis de 10 características subjetivas de la calidad integral en la industria de los servicios a través de un caso particular, las cuales, se dimensionan por escala Likert para efectos de medición, elaboración de gráficos de barras de valoración y de factores prioritarios de atención dentro del servicio. Se presenta una matriz de correlación entre variables, con sus respectivos grados de relación, en la que se observan las relaciones significativas hacia una variable única dependiente llamada Satisfacción Global, también representada en un gráfico de relaciones y se concluye con un estudio de correlación múltiple y modelo matemático de regresión lineal.

Palabras clave: Coeficiente de correlación, Matriz, Regresión, Servicio, Variable base.

Abstract

After obtaining the information of interest through validated means of scientific research, an analysis of 10 subjective characteristics of integral quality in the service industry is presented through a particular case, which are dimensioned by Likert scale for measurement purposes, elaboration of bar graphs of valuation and priority factors of attention within the service. A correlation matrix between variables is presented, with their respective degrees of relationship, in which significant relationships are observed towards a single dependent variable called Global Satisfaction. It is also represented in a relationship graph and is concluded with a multiple correlation study and a linear regression mathematical model.

Key words: Correlation coefficient, Matrix, Regression, Service, Base variable.

1. Introducción

El caso en estudio es de una empresa del servicio de hospedaje en la llamada temporada baja, en la que los resultados de la valoración muestran un alto valor de satisfacción del usuario, no obstante, se desconoce en realidad cuales son los factores y en qué nivel, contribuyen a la calidad en su servicio. Debido a esos resultados, pudiera pensarse que un estudio de esta naturaleza no es necesario, sin embargo, surge la pregunta de cómo saber el destino correcto de los recursos dirigidos hacia la conservación y mejora del servicio.

Idealmente en toda organización formal en pro de su mejoramiento, es fundamental un análisis que enfoque adecuadamente las acciones de mejoramiento, eliminando las iniciativas por empirismo, intuición y las pragmáticas u obsoletas. Ello requiere de un monitoreo calificado de la calidad ofertada, en las diferentes áreas que conforman los procesos, ya que el desconocimiento del impacto de los factores de calidad que conforman la satisfacción global del servicio, fuerzan a correr el riesgo de tomar decisiones que pueden o no incrementar esa satisfacción y se suele tener una posibilidad de que los recursos no sean dirigidos, ni utilizados apropiadamente.

Las técnicas de mejoramiento de la calidad, así como las tradicionales 7 herramientas básicas para la calidad o las 7 nuevas herramientas, por mencionar algunas formas, pueden mostrar la aprobación gradual de los factores de calidad dimensionados en forma numérica o gráfica o ambas, sin embargo, se requiere de un trabajo analítico que determine los factores dimensionados de la calidad, que sustentan o soportan la permanencia de la organización en el medio. El estudio, hasta este nivel, aporta un panorama de la realidad de la empresa, sin embargo, éste se puede mejorar y complementar, con una representación gráfica de los niveles correlativos de las variables significativas del sostén de la compañía, en una presentación lógica de la secuencia de aparición de las variables de la calidad y un correlativo múltiple del escenario, que marque la tendencia bajo un modelo matemático, que mostrará un panorama más completo de las directrices de la empresa.

2. Desarrollo

a. Metodología

El presente estudio, es una investigación de diseño no experimental, de corte transeccional, cuantitativa, descriptiva y correlacional, debido a que se observa el escenario en su contexto natural sin manipulación de las variables, para posteriormente analizarlos (Hernández, 1991). La información es obtenida transversalmente en un tiempo único, en base a la variable objeto del estudio y el grado de la relación entre las variables integrales de la calidad, determinado en este caso por el coeficiente de correlación de Pearson.

El estudio requiere de 3 criterios de muestreo dirigido: Datos rústicos o información primaria; Prueba piloto y Aplicación en firme del instrumento de valoración. Para la obtención de los datos primarios, entrevista directa de 10 a 20 personas. La Prueba piloto, pruebas de confiabilidad y de validez, aplicada de entre 14 a 30 personas Corral

(2008) y el instrumento de valoración en firme, se obtiene n de la ecuación: $ET = (t * s) / \sqrt{n}$, que contempla el error tolerable (ET), el nivel de confianza (t) y la variabilidad de la característica (Hayes, 2006).

La validación del instrumento de medición, se lleva a cabo en la prueba piloto, bajo la confiabilidad del criterio de dividir en mitades. Observando que una correlación elevada, indica que los dos grupos producen información consistente. Se incluye un factor de corrección, debido la extensión de la escala, $rcc = (nr12) / (1 + (n - 1) r12$, o fórmula Spearman-Brown, da un estimado corregido de confiabilidad. Donde $r12$ es la correlación de las dos mitades del mismo cuestionario y n es el número de elementos de la escala global dividida entre el número de elementos en cada una de las mitades.

Para la prueba de fiabilidad a través del alfa de Cronbach, se subraya según la escala George y Mallery. Un alfa mayor o igual a 0.8 es bueno. La validez del instrumento está realizada por constructo, a través de una correlación de las respuestas dadas en la prueba piloto en base a las preguntas que miden las mismas dimensiones.

El instrumento se conformó por 12 ítems,10 dispuestos a la medición de las variables dimensionadas, una por cada una de éstas y otra más para el contraste con la variable única dependiente. Se aplicó en fase de temporalidad baja, de acuerdo a cálculo con un nivel de confianza al 0.90, error tolerable de 0.2 y variabilidad de 1, a 67 elementos.

Para elaboración de gráficos, manejo y tratamiento estadístico de los datos, se utiliza la hoja electrónica Excel de Microsoft Office 2019 y software Minitab®17.1.0

b. Propósito del estudio

El trabajo, se enfoca en obtener el grado de relación entre las variables influyentes de mayor intensidad con la variable única dependiente, bajo la determinación del coeficiente de correlación lineal múltiple y como complemento del estudio el modelo matemático del plano de regresión, previa determinación de las variables unidimensionales y análisis correlativo bidimensional. Con base en que, el valor de un coeficiente de correlación múltiple, está entre 0 y 1, inclusive. Cuanto más cerca está de 1, mejor es la relación lineal entre las variables. Cuanto más cerca esté de 0, peor será la relación lineal entre las variables. Si un coeficiente de correlación múltiple es 1, a esa correlación se le llama correlación *perfecta*. Aunque un coeficiente de correlación sea 0, esto indica que no hay relación lineal entre las variables, pero puede que exista una *relación no lineal* (Spiegel, 2009).

El análisis bidimensional, se basa en el grado de dependencia o codependencia, en una correlación lineal limitada entre 1 y -1, de variación acumulada. Si una variable se contrasta con ella misma, la consecuencia será 1 de resultado y conforme el coeficiente de correlación se aproxime a 1, la fuerza de la relación entre las variables es cada vez más significativa. Caso contrario, si la correlación es inversa la intensidad está dada por su acercamiento a un valor de -1.

Para obtener tanto la ecuación del Plano de Regresión como los grados de correlación bidimensionales, se utiliza el software Minitab 17 y para la determinación del Coeficiente de Correlación Múltiple, se utiliza la hoja electrónica de Excel y se anexa la corroboración del resultado cona la ecuación:

$$R_{1.23} = \sqrt{\frac{r_{12}^2 + r_{13}^2 - 2r_{12}r_{13}r_{23}}{1 - r_{23}^2}}$$

$R_{1.23}$ = *Coeficiente de correlación múltiple*

r_{ab} = *Coeficiente de correlación entre las variables indicadas*

3. Resultados

Se obtienen, 10 variables independientes contribuyentes a la calidad ofertada de la empresa y se muestra en la tabla también, la variable única dependiente.

Tabla 10. Dimensiones de la calidad del servicio del caso.

No.	DIMENSIÓN		No.	DIMENSIÓN	
1	Innovación de Apariencia	IA	7	Afabilidad	A
2	Fiabilidad Tecnológica	FT	8	Accesibilidad Económica	AE
3	Logística de Facturación	LF	9	Capacidad de Conservación	CC
4	Capacidad de Limpieza	CL	10	Gusto Gastronómico	GG
5	Confort	C	11	Alberca	AL
6	*Satisfacción Global	*SG			

Se presentan dos diagramas de barras, uno donde cada barra representa la valoración por variable y otro de atención prioritaria para las decisiones de conservación y de la mejora de la calidad, donde cada barra indica la contribución no deseable del servicio.

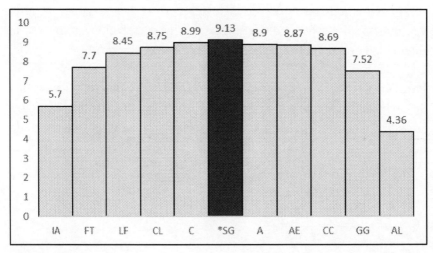

Fuente: Elaboración propia.

Fig. 40. Valoración de 10 factores dimensionados de la calidad del servicio del caso.

* *La variable única dependiente.*

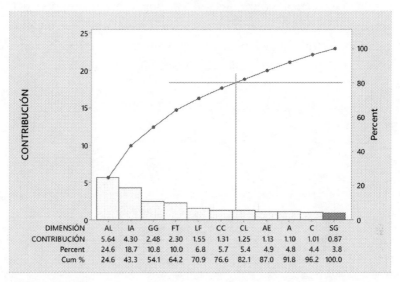

Fuente: Elaboración propia

Fig. 41. Diagrama de Pareto que muestra la atención prioritaria de las variables de la calidad del caso.

Se concentran los resultados de la correlación entre variables, en una matriz que permite una observación general, destacando los grados más altos.

Tabla 11. Matriz correlacional de los 10 factores dimensionados de la calidad y 1 variable de interés.

	FT	CL	A	LF	CC	C	GG	AE	AL	IA
CL	0.217									
A	0.180	0.392								
LF	0.138	0.028	0.074							
CC	0.119	*0.522*	0.357	-0.019						
C	0.105	*0.492*	0.345	0.082	*0.745*					
GG	0.153	-0.027	0.083	0.154	0.107	0.026				
AE	0.020	0.252	0.114	-0.007	0.505	0.402	0.245			
AL	-0.076	-0.202	-0.004	0.201	-0.111	-0.218	0.266	-0.002		
IA	0.190	0.183	0.023	0.075	0.436	0.427	0.111	0.058	-0.029	
SG	0.236	*0.306*	0.336	-0.034	*0.470*	*0.577*	0.123	0.386	-0.043	0.330

Cell Contents: Pearson correlation

Se presenta la correlación de dos variables significativas del servicio, denominadas variables base, las cuales soportan a la empresa dentro del medio y la variable de interés única dependiente, en un gráfico correlativo resumido del proceso, que muestra, tanto el grado de correlación como la dependencia lógica de las variables.

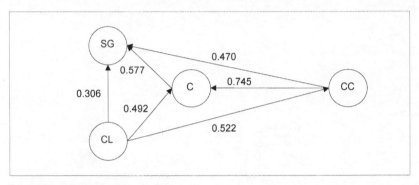

Fuente: Elaboración propia.

Fig. 42. Gráfico correlativo del grado y dependencia lógica entre las variables significativas del servicio.

Tabla 12. La correlación entre las variables de interés

```
Correlation: SG, CC, C

SG      CC
CC    0.470
C     0.577   0.745

Cell Contents: Pearson correlation
```

El resultado de la regresión múltiple lineal, se presenta un resumen estadístico, que muestra el grado de correlación de las variables significativas independientes con la variable de interés, proveniente de la hoja electrónica Excel y corroborada con la ecuación tradicional del cálculo del coeficiente de correlación lineal múltiple. Se despliega también las diferentes formas de la ecuación de Regresión Lineal de X_1 sobre X_2 y X_3 o ecuación del Plano de Regresión y el resultado obtenido vía software Minitab 17.

Tabla 13. Resumen estadístico de la regresión múltiple

Estadísticas de la regresión	
Coeficiente de correlación múltiple	0.57993858
Coeficiente de determinación R^2	0.33632876
R^2 ajustado	0.31558903
Error típico	0.87475885
Observaciones	67

$$R_{1.23} = \sqrt{\frac{r_{12}^2 + r_{13}^2 - 2r_{12}r_{13}r_{23}}{1 - r_{23}^2}} = \sqrt{\frac{0.470^2 + 0.577^2 - 2(0.470)(0.577)(0.745)}{1 - 0.745^2}} = 0.58$$

Las formas de la ecuación de Regresión Lineal o ecuación del Plano de Regresión.

$SG = b_{1.23} + b_{12.3}\ CC + b_{13.2}\ C$

$SG = 4.898 + 0.065\ CC + 0.408\ C$

4. Conclusiones

El estudio se nutre directamente de las percepciones subjetivas de los usuarios de temporada baja, ellos dan los puntos de evaluación y de acuerdo al gráfico de valoración, la empresa es una organización exitosa, por su alta calificación de 9.13 de la variable de interés.

El diagrama de prioridades, señala tomar acciones de las variables con mayor contribución no deseable del servicio (AL e IA), no obstante, las variables de soporte (C y CC) son factores que no deben ser obviados, ya que de ello depende la permanencia de la empresa en el medio.

En el escenario correlativo general, se observa sólo una correlación de alta intensidad (entre CC y C), lo cual determina la alta influencia de la variable capacidad de conservación con la variable del confort. Es el referente del diagrama correlativo que muestra las variables base del servicio.

El resultado de la correlación múltiple de 0.58, es un valor significativo moderado, de acuerdo a la clasificación de 0.40 a 0.69 Correlación positiva moderada (Quispe, 2015) e indica la influencia de las dos variables base en el grado de éxito final del servicio.

Existen en todos los casos, puntos y áreas exitosas de la empresa, que no las arroja el estudio en forma de factores o variables, las cuales se encuentran en un estado oculto, debido a su alto grado de aceptación.

El estudio es específico, ya que cada organización necesita su propio estudio particular, con una vigencia no definida basado en la filosofía de que la calidad es dinámica, volátil e intermitente.

5. Referencias

Gutierrez, P. H. (2010). Calidad total y productividad. México, México: Mc Graw Hill/Interamericana Editores S.A. de C.V.

Hayes, B. E. (1999). Cómo medir la satisfacción del cliente. Diseño de encuestas, uso y métodos de análisis estadístico. México: Algaomega Grupo Editor, S. A. de C. V.

Hernández, S. R., Fernández, C. C., y Baptista, L. P. (1991). Metodología de la Investigación. Naucalpan de Juárez Edo. México, México: Mc Graw-Hill Interamericana de México, S.A. de C.V.

Montgomery, D. C. (2009). Introduction to Statistical Quality Control. Jefferson City, United States of America: John Wiley & Sons, inc.

Parasuraman, A. P., Berry, L. L., & Zeithaml, V. A. (1988). SERVQUAL: a multiple-item scale for measuring consumer perceptions of service quality. *Journal of Retailing*, 12-37.

Parasuraman, A. P., Berry, L. L., & Zeithaml, V. A. (1991). Refinement and reassessment of the SERVQUAL scale. *Journal of retailing*, 420-450.

Pérez López, C. (1999). Control Estadístico de la Calidad: Teoría, prática y aplicaciones informáticas. México: ALFAOMEGA GRUPO EDITOR S.A. de C.V.

Salkind, N. J. (1999). Métodos de investigación. México: PRENTICE HALL.

Spiegel, M. R., y Stephen, L. J. (2009), Correlación Múltiple y correlación parcial (pp. 382-386). México, México: Mc Graw Hill/Interamericana Editores S.A. de C.V.

Agradecimiento

Se agradece de una manera especial por las facilidades y el interés compartido al Lic. José Barroso Pérez, Gerente General de Operadora de Hoteles Villablanca S.A. de C.V.

CAPÍTULO 10

GUÍA PARA EL DESARROLLO DE INVESTIGACIONES DE MERCADO EN MYPES.

Ivette Pérez Hernández[1]*, Jesabel Gómez Sánchez[1], Juan Carlos Crudet Balderas[1], Erika Patricia Quevedo Batista[1]

[1] UTCV-CA11-INNOVACIÓN EN SISTEMAS LOGÍSTICOS Y ECONÓMICOS SUSTENTABLES

Universidad Tecnológica del Centro de Veracruz

*Ivette.perez@utcv.edu.mx

Resumen

En este proyecto de investigación se aborda la creación de una guía para el desarrollo de investigaciones de mercado de las micro y pequeñas empresas a partir del análisis de la teoría usando como herramienta el Benchmarking para la evaluación de los procesos existentes de autores reconocidos en el tema. Con los resultados, se realiza una propuesta de modelo híbrido que utilizará los mejores elementos. Una vez obtenida la guía teórica, y con base a la experiencia obtenida mediante los resultados del análisis de las Mypes en la zona de las Altas Montañas, los autores adaptaron la guía de acuerdo a la cultura empresarial de la región que pueda ser gestionada por el empresario para la correcta toma de decisiones. En ese sentido, la guía permite realizar una evaluación sistemática, buscando áreas de oportunidad para mejorar ya sea un proceso, un protocolo o un departamento. Derivador de lo anterior, se obtuvo como resultado el diagrama de flujo del proceso y la plantilla, que contiene de forma clara y accesible el proceso de investigación mercado.

Palabras clave: Investigación de mercados, Guía, Mypes

Abstracts

This research project deals with the creation of a guide for the development of market research of Micro and Small Enterprise (MSEs) based on the analysis of the theory using Benchmarking as a tool for the evaluation of existing processes from recognized authors on the subject. As the results, a hybrid model proposal is made that will use the best elements. Once the theoretical guide was obtained, and based on the experience obtained through the results of the analysis of the MSEs in the area of the High Mountains, the authors adapted the guide according to the business culture of the region that can be managed by the entrepreneur for the correct decision making. In this sense, the guide allows for a systematic evaluation, looking for areas of opportunity to improve either a process, a protocol, or a department.

As a result of the above, the process flow diagram and the template were obtained, which contains in a clear and accessible way the research process for the market.

Key words: Market research, guide, MSEs

1. Introducción

En México, de los 4.9 millones de establecimientos del sector privado y paraestatal registrados en los Censos Económicos 2019, el 99.8% son micro, pequeños y medianos (INEGI, 2020), colocándolos como una parte importante en la generación del Producto Interno Bruto (PIB). En ese sentido, las microempresas emplean al 37.2% de la población ocupada, mientras las Pymes por su parte emplean un 30.7%. Por otra parte, el Estudio sobre la Demografía de los Negocios (EDN) 2020 dio a conocer que, de los 4.9 millones de establecimientos que se reportaron un año antes, es decir en el año 2019, sobrevivieron 3.9 millones. Siendo lo anterior, resultado de la pandemia de COVID-19 que generó la desaparición de un millón de Pymes, lo que representa a un 20.8% de establecimientos, de las cuales el 5.6% eran formales en 2018. De los cuales, el 25.9% establecimientos sobrevivientes son formales, mientras que el 74.1% son informales (Periódico la Razón, 2021).

En ese sentido, otras Mypes se mantienen con lo mínimo de recursos, y una situación económica de riesgo; entre las principales afectaciones se encuentran la disminución de los ingresos con el 79.2% del total, la baja demanda con 51.2%, y con el 22.8% la escasez de insumos o productos (Téllez, 2020; Periódico la Razón, 2021). Se considera que el proceso de reactivación está iniciando, por lo que el desarrollo de una guía que permita a las empresas realizar investigaciones de mercado para mejorar la competitividad, y propiciar el emprendimiento de nuevos negocios como herramienta clave para su crecimiento; permitiéndoles el diseño estrategias competitivas. Para Carrasco (2011) que define "el proceso como un conjunto de actividades, interacciones y recursos con una finalidad común: transformar las entradas en salidas que agreguen valor a los clientes". En ese sentido, Ceupe (2021) considera que los departamentos de una compañía y sus funciones descritas, y definidas según su tamaño, son de vital importancia para que siga creciendo; lo que conlleva a la necesidad de saber gestionar los datos, para que sean transformados en información, según las necesidades de la propia organización. Además, una de las herramientas que se usa para diversos análisis de procesos, productos, competencia, etc., es de acuerdo a Hernández (2016) el benchmarking, que implica aprender de lo que está haciendo el otro, para adaptar sus propias prácticas según lo aprendido; realizando los cambios necesarios, adaptados a las circunstancias y características propias. En el caso de latinoamericana, de acuerdo con Ponce y Zevallos (2017), las Mypes están buscando crecimiento y sostenibilidad, a través de la innovación en la mejora de procesos de análisis del mercado, y en los modelos de gestión, lo que sin duda mejoraría su desempeño. En lo que respecta a las Mypes en México, de acuerdo a las mediciones recientes que han realizado en el tema Velázquez, Rascón y Ahumada (2016) muestran que las variables Análisis de mercado y Estrategia de mercado, con un alfa de Cronbach de 0.815 y un índice de correlación con la estrategia de mercado del 0.731, son factores determinantes en la competitividad para estas. Respecto al tema local, en un trabajo de investigación previo de Gómez, Crudet, Pérez, León, y Aguilar (2021) muestran en sus hallazgos respecto al comportamiento de las pymes de la zona Centro de las Altas Montañas, que en promedio el 61% de estas no siempre cuentan con un plan de mercado, incrementándose a un 71%, cuando se cuestiona si lo tienen por escrito, lo que evidencia un área de oportunidad respecto al tema de mercado.

2. Desarrollo

Se sabe, que en la actualidad las micro o pequeñas empresas no pueden desarrollarse debido a que no poseen el conocimiento y/o recursos necesarios para crecer, es por ello que la generación de herramientas que ayuden a estas entidades es fundamental. Por esta razón, la presente investigación plantea el diseño de una guía metodológica, de fácil comprensión, que permita a las Mypes realizar investigaciones de mercado con las cuales ubiquen su target, y diseñen estrategias para alcanzar un desarrollo rápido. Como parte de la metodología implementada, primeramente, se indagó en fuentes teóricas confiables sobre la existencia de diversos modelos que se utilizan para la realización de estudios de mercado, la identificación de ellos dio como resultado un soporte para la creación de esta herramienta, y el logro del objetivo establecido.

Los modelos seleccionados fueron la base para la construcción de un Benchmarking de procesos, utilizando variables determinadas después del análisis profundo de los mismos. De esta herramienta comparativa pudieron identificarse los mejores elementos del trabajo de cada autor, y con ello se construyó un modelo híbrido mejorado que pudiera ser implementado en las pequeñas empresas, que hasta ahora no han podido hacerlo. La falta de herramientas claras y sencillas que permitan a personas no especialistas en el tema, llevar a cabo un diagnóstico de mercado, fue el motivo principal de este trabajo; ya que se observó que los procesos existentes no proporcionan los pasos a seguir. Considerando este aspecto, se construye un diagrama de flujo y una plantilla como modelo, que será el instrumento principal de los gestores en las Mypes, incluyendo una descripción específica de cada paso; para concluir se realizó una prueba piloto por parte de los autores con la cual se comprobó la utilidad, y se corrigieron las áreas de oportunidad identificadas, obteniendo de esta manera la "Guía para el desarrollo de investigaciones de mercado en Mypes"

Proceso de la guía

Como resultado del análisis del Benchmarking realizado, en donde se elige el proceso de investigación de mercado ideal para la actividad que se está desarrollando, se determina usar un híbrido entre los propuestos por Narest Malhotra (2014) y Fátima Mikkelsen; siendo estos dos autores los que obtuvieron el mejor puntaje en la evaluación, dónde Mikkelsen obtuvo 4.5 puntos de 5 en lo referente al proceso, y Malhotra 1.2 del rubro ventajas del modelo, considerándose los mejores procesos. Derivado de lo anterior, la guía está constituida por seis pasos que incluyen los elementos propuestos por los autores, además de las mejoras realizadas por el equipo de expertos, tal como se muestra en la Figura 31.

Una vez realizada la propuesta, se procedió a la implementación del proceso por los expertos en el tema elegido para evaluar el funcionamiento del mismo. A continuación, se presentan los resultados del proceso de investigación de mercados realizado por los profesores investigadores del Cuerpo Académico UTCV-CA11 cuya línea Desarrollo, gestión y competitividad en los negocios bajo un enfoque sustentable; relaciona con el tema competitividad de la Mypes.

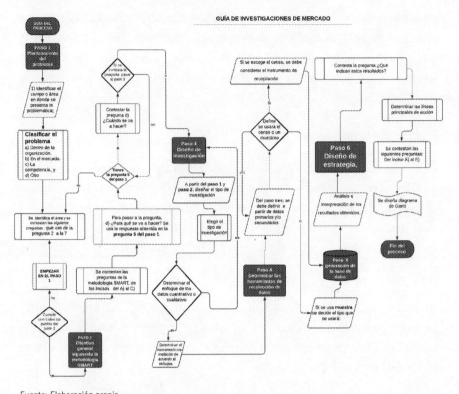

Fuente: Elaboración propia.

Fig 43. Diagrama para investigación de mercados

El primer paso, planteamiento del problema se inicia con la pregunta 1) Identificar el campo o área en donde se presenta la problemática; la guía presenta tres clasificaciones básicas a partir de las cuales se debe elegir: a) Dentro de la organización, b) En el mercado, c) La competencia, y d) Otro, espacio para explicar. Una vez identificada el área, se procede a responder las preguntas 2) ¿Cuál es el problema?, 3) ¿Cómo afecta a la empresa o al mercado?, 4) ¿Cómo se ubicó el problema inicialmente?, 5) ¿Qué se necesita para solucionar el problema?, 6) ¿Cómo se solucionaría el problema?, ¿Se relaciona con algún producto?, y 7) ¿Quiénes participaron en la identificación del problema? Que en conjunto brindan una perspectiva amplia de la problemática con la que se va a trabajar la investigación. Las respuestas obtenidas en la actividad anterior, y organizadas en secuencia de acuerdo al número que cada una de ellas, propicia la redacción del planteamiento del problema, lo que permite el conocimiento a fondo de la situación y la coherencia en los siguientes pasos.

En el **segundo paso** se debe realizar un objetivo general siguiendo la metodología SMART (por sus siglas en inglés), así como los objetivos específicos que apoyen al cumplimiento del objetivo general. Para la generación del objetivo general se realiza lo siguiente, se revisa el paso 1 en la pregunta 6, que considera las posibles soluciones a la problemática planteada y se contestan las tres primeras preguntas de la metodología SMART, a) ¿Qué se va a hacer? relacionado a la parte específica del objetivo, b) ¿Cuánto? permitiendo determinar la parte medible del objetivo, c) ¿Cómo se va a hacer? identificando la(s) herramienta(s) que se usarán para lograr el objetivo. Para la pregunta, d) ¿Para qué se va a hacer? se usa la respuesta obtenida en la pregunta 5 del paso 1. En relación a la pregunta, e) ¿Cuándo se va a hacer? se considera el tiempo pertinente para cubrir todas las actividades que se están considerando en el objetivo general. Una vez contestada las preguntas, se procede a dar redacción al objetivo; posterior a esto se identifican los objetivos específicos como actividades particulares que permitirán el cumplimiento del objetivo general, organizándose en orden cronológico para su realización. En ese sentido, la cantidad de objetivos específicos depende directamente del alcance del objetivo general, un promedio recomendado son tres.

En el paso 3 Diseño de investigación, se determina a partir del planteamiento del problema paso 1, y los objetivos generados en el paso 2, el diseño de la investigación, en dónde se debe elegir una investigación concluyente, descriptiva, transversal, que puede ser múltiple o simple; es decir, se busca que la investigación permita generar conclusiones a partir de los resultados obtenidos, que se realice una vez en un periodo de tiempo específico, y puede tener una o más muestras dependiendo de lo que se esté buscando. Además, se establece el enfoque de los datos que puede ser cuantitativo o cualitativo diferenciándose por la naturaleza de estos.

En el **paso cuatro** herramientas de recolección de datos, se decide a partir de los resultados del paso tres; por lo que de inicio se debe definir si se realizará a partir de datos primarios y/o secundarios; la segunda decisión es definir si se usará el censo o un muestreo de acuerdo a los establecido en el objetivo general del paso 2. Una vez que se determinó si es censo o muestra, para el caso de la muestra se decide el tipo que se usará: a) probabilístico aleatorio simple, es decir se escoge al azar a las personas que van a participar; en cuanto a los análisis que se generarían pueden ser de frecuencia, medidas de dispersión, medidas de tendencia central, entre otras.

En ese sentido, las herramientas de recopilación deben ir adecuadas para el cumplimiento del objetivo y el enfoque de los datos, cualitativo o cuantitativo. En caso de elegir el censo, se debe considerar el instrumento de recopilación adecuado bajo la perspectiva del enfoque de los datos a recopilar que cubra el total del universo elegido.

En el **paso cinco** la generación de la base de datos, debe estar directamente relacionada con el diseño de la investigación y el instrumento de recopilación, que permita realizar los análisis pertinentes para el cumplimiento del objetivo de la investigación; generando la organización, análisis, e interpretación de los resultados obtenidos.

En el **paso seis** Interpretación datos y diseño de estrategia, como primera actividad se plasma de manera clara los principales resultados obtenidos; posterior se contesta la pregunta ¿Qué indican estos resultados? explicando qué se obtuvo, y la interpretación que se genera de la misma. Una vez que se hicieron las dos actividades previas, se procede al diseño de la estrategia, en donde se deben identificar las líneas principales de acción, es decir, las ideas de dónde partirán las estrategias. Después de identificar las líneas de acción, por cada una se contestan las siguientes preguntas: a) ¿qué se necesita para llevar a cabo la estrategia?, b) ¿Cuál es el presupuesto asignado?, c) ¿Quiénes son los responsables de las actividades? d) ¿Cuáles serán los recursos necesarios?, y e) ¿Cuál será el tiempo para realizar la estrategia? cuando ya se tiene toda la información, se procede al diseño de la estrategia dándole forma en un diagrama de Gantt que permita el seguimiento claro de cada punto a considerar.

3. Resultados y Conclusiones

Se determinaron de manera documental los resultados relativos a la implementación, Malhotra, en su libro "Investigación de mercados" (2016) proporciona diversos casos de éxito para grandes empresas como: Apple durante el lanzamiento del iPad en 2010, donde la investigación de mercados desempeñó un papel importante en el diseño y la introducción exitosos del iPad. Kellogg's durante 2014, tras una caída de sus ventas utilizó la investigación de mercado para identificar el problema y fue capaz de desarrollar soluciones que le permitieron incrementar las ventas de cereal. Para McDonald's, adaptarse a la cultura y a las preferencias locales ha sido un factor de éxito, gracias a sus investigaciones de mercado.

Por último, Puma ha escalado su posición al utilizar investigación de mercados para entender el comportamiento de sus consumidores meta y formular sus estrategias de mercadotecnia. A continuación, se analizan los estudios relativos a las Mypes. En concordancia con la tesis de Martín Repp (2010) la investigación de mercado, no genera en si el desempeño de la empresa, sino que es una herramienta a partir de la cual se genera conocimiento para traducirse en estrategias y ejecutarlas, proporcionándole al empresario una guía ante el desafío de realizar una adecuada toma de decisiones. Aprovechando la experiencia del gestor, sin permitir que el empresario Mype sobrevalore su confianza, o no responderá a las necesidades de un entorno cambiante. De acuerdo con Cardozo (citado en Repp, 2010), una de las diferencias de las pequeñas empresas con alto desempeño, es que consideran a la investigación de mercados como necesaria, mientras que las de bajo desempeño creen que se requiere un sexto sentido más que una investigación. Ahora bien, regresando a las bases, de acuerdo con Pope (2000), los hombres de negocios solían hacer directamente su investigación. Es decir, el zapatero de la América colonial no tenía necesidad de investigación: conocía los deseos y las necesidades de sus clientes porque trataban directamente con ellos. En la actualidad, la investigación de mercados proporciona a la mayoría de los comercializadores de bienes y servicios una herramienta que disminuye el riesgo, ayuda a tomar mejores decisiones en el mercado. Y como afirman Jacques, L., Cisneros, L., y Mejía-Morelos, J. (2011) las Mypes se acercan a sus mercados y a sus clientes mucho más que las grandes empresas, además la existencia de pocos niveles jerárquicos favorece la rápida toma de decisiones, la innovación y la creatividad. Sin embargo, los dirigentes deben estar atentos y aprovechar estas ventajas, por lo que se debe implementar un proceso formal. Por ejemplo, el caso del Calzado Peruano donde Espinoza, Venturo y Bravo (2020) encuentran que dentro de los factores que limitan el crecimiento son factores administrativos, como la falta de investigación de mercados en la toma de decisiones estratégicas. En el caso de internacionalización, Diuza (2016) expresa que si una pyme pretende participar en estos procesos es fundamental llevar a cabo una investigación de mercados. En el mundo actual de los negocios, lleno de mercados saturados y competencia transnacional tomar decisiones con información poco precisa, basados en datos desacertados, puede desembocar en errores irreparables. Como se observa en el estudio de Repp (2010) la falta de investigación de mercados vuelve a las empresas vulnerables y reactivas ante los cambios suscitados en el mismo.

Desafortunadamente, la importancia observada en su estudio no ocupa un lugar de jerarquía, 77% de los encuestados de pymes en argentina afirmó que la investigación en general no es un recurso utilizado habitualmente por las pymes, pese a que el 82% de los que la aplicaron, quedaron conformes con los resultados, en general se observa una subestimación al proceso, y esto no es exclusivo de las pymes en Argentina. Sin embargo, la utilización de herramientas como la investigación de mercados depende más de las fortalezas que tengan la sociedad y su sistema educativo, la comunidad investigativa y la cultura (Bernal, 2010; Malotra, 2016, y Repp, 2010) por lo que las pymes deben internalizar como hábito estas prácticas (que muestran ser mucho menores en Latinoamérica), lo que les permitirá mejorar su habilidad y al mismo tiempo los resultados cada vez más certeros, tal como afirman Kotler y Armstrong (2012) los resultados deben ser evaluados, y tomar las medidas correctivas adecuadas para alcanzar los objetivos, también es importante identificar la combinación correcta de estrategia y táctica que generarán el mayor rendimiento en términos de participación, utilidades y objetivos de ganancias a partir de la inversión. Muchnik (citado en Repp, 2010) proclama que el propósito de la investigación de mercados es reducir la incertidumbre, y que esto tiene un valor. Derivado de lo anterior, se ratifica entonces la hipótesis planteada, "el desarrollo de una guía para realizar una investigación de mercado es una herramienta útil para las Mypes". Siendo la empresa capaz de realizarla y generar la información necesaria que contribuye a su desarrollo. Tal como afirma en su investigación Repp (2020) contribuyendo a no desperdiciar recursos, mantener la ventaja competitiva, mantener una oferta adecuada, y en general a la perdurabilidad del negocio. Aunque tal vez, resulte pretencioso pedirle hoy al mercado Mype que sea el líder en la construcción del futuro en los mercados, para construir su porvenir deberá generar un mecanismo de búsqueda de conocimiento sistemático sobre el mercado, que le permita saber a cada paso lo que el cliente necesita.

Referencias

Bernal, C. (2010). Metodología de la investigación. Administración, economía, humanidades y ciencias sociales. Tercera edición. Pearson Educación.

Carrasco, J. B. (2011). Gestión de procesos. Santiago de Chile: Editorial Evolución S.A. Obtenido de https://www.academia.edu/8599803/Gesti%C3%B3n_de_Procesos_Alineados_con_la_estrategia

Ceupe Magazine. (13 de 05 de 2021). Los departamentos de una compañía y sus funciones. Obtenido de CEUPE:https://www.ceupe.com/blog/los-departamentos-de-una-compania-y-sus-funciones.html

Diuza, V. (2016). Las Pymes y los Procesos de Internacionalización. Artículo de reflexión. Universidad de San Buenaventura Medellín, Facultad de Ciencias Empresariales. http://hdl.handle.net/10819/3650

Espinoza, A. F., Venturo, C.O., y Bravo, O. J. (2020). Factores que inciden en el crecimiento de las mypes de calzado. INNOVA Research Journal, 5(2), 67-81. https://doi.org/10.33890/innova.v5.n2.2020.1295

Gómez Sánchez, J., Crudet Balderas, J.C., Pérez Hernández, I., León Tejeda, C., Aguilar Herrera, D. (2021). Determinantes de la competitividad en las PYMEs de la región Altas Montañas: competitividad a nivel micro en los sectores comercial, industrial, y de servicios del estado de Veracruz. Ciencias Sociales Interdisciplinares ISSN: 2474-6029

Hernández, M. G. (13 de Noviembre de 2016). Herramientas para análisis de contexto: Benchmarking. Obtenido de Aprendiendo calidad: https://aprendiendocalidadyadr.com/herramientas-analisis-de-contexto-benchmarking/

INEGI (2020). (18 de MAYO de 2021). INEGI. Obtenido de CENSO ECONÓMICO 2019: https://www.inegi.org.mx/programas/ce/2019/ Periódico la Razón. (5 de Agosto de 2021).

Jacques, L., Cisneros, L., y Mejía-Morelos, J. (2011). Administración de PYMES. Emprender, dirigir y desarrollar empresas. Pearson Educación.

Kotler, P. y Armstrong, G. (2012). Marketing. 14ª Edición. Pearson Educación. https://bookshelf-ref.vitalsource.com/books/9786073214209

La razón de México. Obtenido de https://www.razon.com.mx/negocios/cuantas-pymes-hay-en-mexico-440559

Malhotra, N. (2014). Investigación de Mercados. México: McGrawHill.

Malhotra, N. (2016). Investigación de mercados: Conceptos esenciales. Pearson Educación. https://bookshelf-ref.vitalsource.com/books/9786073235600

Ponce Regalado, F., & Zevallos Vallejos, E. (2017). La innovación en la micro y la pequeña empresa (MYPE): no solo factible, sino accesible. Obtenido de Pontificia Universidad Católica del Perú: https://revistas.pucp.edu.pe/index.php/360gestion/article/view/19050

Pope, J. (2002). Investigación de mercados, Guía maestra para el profesional. Grupo Editorial norma

Repp, M. (2010). Estudio y análisis del uso e influencia de recursos de investigación de mercado en empresas PYMEs argentinas. Propuesta de cambio. Tesis. Universidad de Ciencias Empresariales y Sociales. http://dspace.uces.edu.ar:8180/jspui/bitstream/123456789/5679/1/Estudio_Repp.pdf

Secretaría Economía. (8 de 03 de 2021). Gobierno de México. Obtenido de https://www.gob.mx/se/articulos/mexico-cuenta-con-16-denominaciones-de-origen?idiom=es

Téllez, C. (02 de 12 de 2020). El Financiero.com. Obtenido de El financiero website: https://www.elfinanciero.com.mx/empresas/mas-de-un-millon-de-pymes-bajaron-las-cortinas-de-manera-definitiva-por-el-covid-inegi/

Velázquez, R. P., Rascón, O. C. A., & Ahumada, N. B. P. (2016). Análisis sistémico de la micro y pequeña empresa en México. Pearson Educación. https://www.relayn.org/biblioteca/LibrosImpreso.html

SÍNTESIS CURRICULAR DE LOS AUTORES COORDINADORES

LORENA SANTOS ESPINOSA es Maestra en Ciencias por el Centro de Investigación y Estudios Avanzados del Instituto Politécnico Nacional. Perfil Deseable y Responsable del Cuerpo Académico ITSSNA-CA-1 "Tecnología y Automatización de Procesos". Presidenta de la Academia de Ingeniería Industrial y Profesora Asociada C del Tecnológico Nacional de México/ Instituto Tecnológico Superior de la Sierra Negra de Ajalpan. Inventora de la Máquina sembradora semiautomática con rodillo, patentada ante el Instituto Mexicano de la Propiedad Industrial. Actualmente es estudiante de Doctorado en Ingeniería Industrial en AIU, Atlantic International University.

JOSÉ VÍCTOR GALAVIZ RODRÍGUEZ es Miembro del sistema Nacional de Evaluación Científica y Tecnológica RCEA-07-26884-2013. Área 7 Ingeniería e Industria. CONACYT. Doctorado en Planeación Estratégica y Dirección de Tecnología, con mención Honorifica por Investigación en la Universidad Popular Autónoma del Estado de Puebla (UPAEP). Profesor Investigador T.C. Titular "B" Universidad Tecnológica de Tlaxcala. Responsable del Cuerpo Académico Ingeniería en Procesos UTTLAX-CA-2. Adscrito a la Carrera de Ingeniería en procesos y Operaciones Industriales.

MIRIAM SILVIA LÓPEZ VIGIL es Doctora en Ingeniería aprobada con Mención Honorífica por la Universidad Nacional Autónoma de México en 2008, cuenta con estudios de Maestría en Ingeniería y de Ingeniero Bioquímico. Ella trabaja como Profesor de tiempo completo Titular C en el Tecnológico Nacional de México / Instituto Tecnológico de Tehuacán desde 1990, desempeñando la función de Presidente del Consejo de Posgrado de la Maestría en Ingeniería Industrial y Coordinadora de Investigación, con actividades docentes y de investigación en la División de Estudios de Posgrado e Investigación y en el Departamento de Ingeniería Bioquímica de esta Institución.

MIGUEL FUENTES CORTÉS es Maestro en Ciencias Computacionales y Telecomunicaciones por el Instituto de Estudios Universitarios (IEU). Licenciado en Ciencias de la Computación por la Benemérita Universidad Autónoma de Puebla (BUAP). Actualmente estudiante de la Maestría en Enseñanza de las Ciencias Exactas del Instituto Nacional de Astrofísica Óptica y Electrónica (INAOE). Profesor Investigador asociado "B" de tiempo completo, con perfil deseable docente (PRODEP) de la carrera de Ingeniería Informática del Tecnológico Nacional de México/Instituto Tecnológico Superior de Acatlán de Osorio (ITSAO). Responsable del cuerpo académico con clave ITSAO-CA-1, "Transferencia de Tecnología Aplicada a la Resolución de Problemas". Responsable de la línea de investigación, "Desarrollo Tecnológico: Aplicaciones Web, Aplicaciones Móviles, Aplicaciones Distribuidas, Aplicaciones Cliente-Servidor". Entusiasta del desarrollo de proyectos tecnológicos y motivador de alumnos y alumnas del ITSAO para participar en concursos de innovación tecnológica a nivel regional, nacional e internacional.

COLABORACIÓN ESPECIAL

 **SONIA MARILIS MORA DE PARADA** es Doctora en Ciencias de la Educación en Universidad de Carabobo-Venezuela, Magister en Enseñanza de la Biología y Profesora de Biología Mención Ciencias Naturales en la Universidad Pedagógica Experimental Libertador; actualmente en el cargo de Jefe de la Extensión Académica Valencia- del Instituto de Mejoramiento Profesional del Magisterio de la Universidad Pedagógica Experimental Libertador, Docente de Pregrado y Postgrado; Tutor en Trabajos de Grado y Proyectos de Investigación en Maestrías de: Enseñanza de la Biología, Gerencia Educacional, Orientación Educativa así como en las Especializaciones: Educación para la Integración de Personas con Discapacidades y Educación Inicial. Jurado en tesis doctorales Institucionales e Interinstitucionales. Adscrita a la línea de Investigación: Análisis del Discurso y Tipología Textual del IPMAR-UPEL, con publicaciones y ponencias tanto nacionales como internacionales.

Printed in the United States
by Baker & Taylor Publisher Services